湛庐 CHEERS

与最聪明的人共同进化

HERE COMES EVERYBODY

最有效的干法

保持你的乐趣、
干劲、激情的实践手册

HOW WE BUILT A
WORKPLACE
PEOPLE LOVE

JOY INC.

[美] 理查德·谢里登 著
Richard Sheridan
盛杨燕 译

浙江人民出版社
ZHEJIANG PEOPLE'S PUBLISHING HOUSE

Joy,
Inc.

致爱妻卡罗尔，

我的人生伴侣，

以及美丽的女儿们，

梅根、劳伦和莎拉。

还有詹姆斯，我的工作伙伴以及高尔夫球搭档。

你们都是我的快乐之源！

•

Dedicated with love to Carol,

my pair partner in life,

and our beautiful girls,

Megan, Lauren, and Sarah.

And to James, my pair partner in work and golf.

You all are my joy!

How We Built a Workplace
People Love

工作真的可以快乐起来

科里·帕特森
VitalSmarts 联合创始人

理查德·谢里登差点儿写了一本不该写的书。

就在谢里登即将完成初稿时，我当即让他停笔，并恳求他改弦更张。

改动谢里登已经写出来的内容并不难，但这意味着要改动他原本想告诉读者的内容。

这本差点儿就公布于世的书名叫 *Change, Inc.*。也许这会是一本好书，但如果真按谢里登原来写的出版，可能不会大受欢迎。因为从我的个人经验以及对谢里登创办的公司的了解情况来看，这本书既不是读者所需要的，也不是我了解的谢里登所能写出来的。*Change, Inc.* 并不是一本商业必读书籍，也不是只有谢里登才能写出来的。简而言之，他没打算写一本有史以来最重要的商业文化书籍。

因此，我告诉他，是时候表明立场了。

为了快乐。

内容雷同的商业书籍太多了，大都含糊其辞、答非所问。这些书籍的目标虽说要让读者摆脱困境，但看完之后又使读者改变现状的希望变得更渺茫了。

只要按照一定的套路，谁都可以写出像 *Change, Inc.* 这样的商业书籍，所以我当时竭尽全力来阻止谢里登不要这么写。因为如果我不这样做，读者就听不到非常重要的信息了—— 一个人们迫切希望听到，也应该听到的信息。这也是谢里登结合了自己的知识、经验和热情，给读者提供的独家信息。在这一点上，他够格。

当你用“快乐”这个概念来吊起读者的胃口，然后告诉他们如何获得快乐时，这就是一份有分量的承诺。每个同类商业书籍作者都会承诺帮助你改变企业文化。在改变企业文化这个主题上，我们已经写了 30 多年了。我个人想成为门洛中的一员，我想要快乐。我告诉谢里登：“我认为，你不应该借着让读者可以选择他们想要的目标的方式说模棱两可的话。”这种话未必能讨好读者。那些以任何人都可以选择金钱、业绩等为目标的主题都已经是陈词滥调了。但说到快乐，谁有胆量做出承诺呢？说实话，我不看好那些没有立场的作家。

我小时候看过的电视节目一般是这样开场的：身穿商务装的爸爸结束一天的工作后，提着昂贵的公文包，吹着欢快的口哨下班回家。无厘头的剧情随之展开来，但并不提及爸爸在办公室的实际工作。没有一位作家敢用那些肮脏的、鸡零狗碎的工作来打破观众对工作的美好想象。结果是，50 多岁的这代人传递的关于工作的信息既模糊又琐碎——工作是一个要求穿西装，戴帽子，行动要有神秘性的地方，一个让雇员们在一天结束时才能吹吹小曲儿的地方。

我父亲的工作场景与电视节目中的截然不同。街坊邻居工作时穿着厚厚的围裙，戴着手套，为的是不让黏液、泥浆和胶水粘到衣服上。你看不到我爸和其他邻居得意地戴着一顶浅口呢帽的样子，也看不到谁会在回家时吹口哨。在鱼罐头厂上班的隔壁女主人下班后必定会做的一件事情，并不是轻快地走进她铺着桌布的客厅，而是径直走进厨房想办法把手上的鱼腥味洗掉。

父亲这一代人经常无休止地抱怨工作有多累，多让人感到精神麻木，老板有多愚蠢又有多小气。他们痛恨自己的工作。他们聊天就说这些，开玩笑也说这些，编首歌曲也是这些。

了解了这些情况，想象一下，在大约 20 年后的一天，当我发现自己上班路上吹起口哨时，我有多惊讶。我热爱自己正在做的事情。虽然我不穿套装，也不戴浅口软呢帽，但不知怎地，我已经从工作中找到了提炼快乐的方法。这是一件多么不可思议的事情！

起初，我以为自己在工作中的满足感来自这样一个事实：我做的是一份事业，而不是工作。其实不是这样的。几年后，当制作精良产品带来的喜悦心情让位给对客户无止尽的需求的管理和与此互为依赖、互相牵制的对员工的管理事务后，我明白了并不是自己从事的工作按常态进行就决定着我的满足感，而是另有原因，具体是什么，难以捉摸。在一份你称之为职业或在“校园”里某个大楼内的一份岗位上工作，或者就算在一个到处是宝石的矿场工作，也未必能让你在回家的路上迈起轻快的步子，吹响欢乐的口哨。快乐不源于你的产品和服务的属性，而存在于其他方面。那究竟是什么呢？

后来我遇到了谢里登。他在 40 年前就进入了软件开发领域，那时他满脑子都是开发软件才是真正让人叫好的想法。可后来，谢里登和我一样明白了，无论他的公司为客户生产的产品有多好，配件有多精巧，在产品开发过程中，都是客户在改变着他们的思维，这才导致召开了那些令人作呕的会议，遭受了无止尽的指责，很多时候让人忍无可忍。编写代码的雇员成了内容专家，不敢请一天假。不敢休假的原因仅是担心，在他们缺勤期间会造成代价不菲的知识真空。

当初在“棒棒糖大道”体验的美妙游戏如今却成了一件苦差事——变成只是穿过那条无法满足期待的山谷。我以前还偶尔去这条山谷，而现在避之不及。我们的问题出在哪里了？我们如何把公司变成能让我们脚步欢快地吹起小曲儿的地方呢？

谢里登有答案。在我还辛苦地开发人际关系培训项目时，他对“快乐”进行了研究，并将其应用到了他的公司。现在，他把当初悟出的道理全部写进《最有效的干法》这本书里。我拜访过谢里登的公司，我坚信他的每句话。他公司的员工热切地创造着、协作着、与客户交流着，大家一起头脑风暴，最终赶上紧迫的任务工期，也符合了产品规格的高要求，在这些过程中，他们都怀有明显的热情和成就感。

我把从谢里登那里学到的经验运用到我的公司，到现在已经有好几个月了。有一天，谢里登给我发了一封邮件，告诉我他的书马上要付梓出版了，还说内容重点是如何塑造企业文化，部分笔墨放在了如何铸造愉悦的工作环境上。书中的主要内容是，你想要什么样的企业文化就选择什么样的文化，然后就按照它去塑造。

“什么？谢里登疯了吗？”我心想。我这样回了他的邮件。

谢里登，你的书得有这样一个内容。倘若你把书名起为 *Joy, Inc.*，就不能说你想要什么样的企业文化就塑造什么样的文化。为什么这么说呢？因为帮助改变企业文化这种话，很多同类书都在说。我的个人意见是，你应该把你指的“快乐”这个字眼放在书名中，让人一目了然。

我接着又告诉谢里登。

你的声音就是希望之声，也是实用的智慧之声。出于对我的体恤，千万别停止提醒人们，要追求快乐的文化。你提示他们说可以选其所愿是过于谦虚了。有些人需要拥护“快乐”，请把快乐当成你的呼声。请不要像其他同类书那样含糊其辞地讨论如何改变企业文化。快乐就是目的，那如何做到快乐？如果你的主题在这个立场外围打转，将让读者产生怀疑，进而质疑你的书名。

我的一番劝诫成功了。现在呈现在你面前的就是你真正应该研读的《最有效的干法》。这是一部有立场的书，它专为职场快乐而著。

这本书的问世，恰逢其时。

扫码下载“湛庐阅读”APP，
搜索“最有效的干法”，
测一测你的乐趣、干劲与激情。

为什么要聚焦于充满激情与干劲的快乐文化

快乐工作看似是无稽之谈，这也就是为什么一开始我对描述如何建立一种快乐文化有点闪烁其词的原因。

快乐就像是人们的一个不切实际、伴随着欢声笑语的终极梦想。快乐一词含有爱、幸福、健康、决心和价值观的意思。人们可能在家里、在教堂或者因为某个爱好感受到快乐，而快乐却不会出现在办公室里。商业世界并没有所谓的快乐一说。快乐看上去完全不会创造出什么价值。

虽然把快乐作为公司的核心理念有些激进、不合常理，甚至显得疯狂，但快乐依然是我们公司的核心理念。快乐是门洛创新公司（位于安娜堡的一家客户软件设计和开发公司）的立身之本，它决定了我们所做之事和做事之方法，它是我们整个团队唯一共有的信仰，也是它让你我相知。

我相信你之所以会读这本书，是因为你也在一定程度上奢求能够创造一种快乐的企业文化。

在内心深处，你相信会有一种更好的方法来管理一个项目、一个团队、一个部门或者一家公司。这是你一直都相信的。这些好的管理想法在你入睡前或者饭后散步时，会从脑海里冒出来。

然后，新的一天开始了，变革、转型的想法就像一个无法再忆起的疯狂的梦一样消失不见了。

虽然你可能正在默默地（或者也曾反抗）遭受着糟糕的企业文化的折磨，但你还未曾完全放弃改变。改变依然有可能发生。

我也曾如此，对于自己的工作非常不满，也无奈于自己的无能为力。不过，我相信情况可以有所变化。我们公司抓到了快乐这个关键词，并且实现了快乐的职场氛围，以此让每个与我们合作的人或是员工都感受到了一种可持续的动力。在门洛创新公司工作是一种不同寻常的体验，我会在这本书里介绍一些我们采用的让职场变得快乐的根本措施。我也会分享我在职场上从天真快乐坠入幻灭，再到在一个充满快乐的职场中获得无穷无尽快乐的个人旅程。

想象快乐

着手设计和革新企业文化是一项艰巨的任务。然而，你对于梦想中的企业该是什么样子以及该如何运作，必须有所想法。如果你所在的企业能满足你所有的幻想，你最希望用哪些词语来形容它呢？

- 成功；
- 赚钱；

- 活跃；
- 有趣；
- 充实；
- 多产；
- 龙头；
- 创新；
- 忙碌。

如果是快乐，你觉得如何？

如果你组建一个团队来创造新鲜且引人注目的产品，那么快乐可以简单地描述为：

快乐就是设计和构建一些实际上可以见到光明的产品，并且这些产品会被想要快乐的人们喜欢并且广泛采用。

实实在在的快乐意味着提供一种让大家喜欢的产品或者服务，事实上，人们甚至会因为这个产品或者服务在大街上拦住你说："真的吗？这是你做的？我太喜欢了！"当你在鼓舞辛勤工作的团队成员的士气时，如果能达到这个效果，那你就创造了一种大多数公司梦寐以求的企业文化。

门洛创新公司在我看来是一家快乐的公司，对它的描述也是基于我个人的一段代价昂贵的人生旅程。我殷切地希望能在一家快乐的企业里和一群快乐的人们一起做一些会让人快乐的事情。我希望在一个可持续发展的企业里，创造喜人的成绩的同时，能够快乐地工作。

我第一次真正意义上的追寻快乐是我在一家上市企业担当研发部门副总裁的时候，当时我花费了两年时间，实现了我想要的企业文化，但是互联网泡沫的破灭让一切都化为了泡影。我在这两年里所学的东西为我在 2001 年打造门洛创新公司奠定了基础。

自创立开始，门洛创新公司就一直在稳健成长。我们曾五次获得 *Inc.* 杂志的“稳健成长企业奖”，更换过三次办公场所，每次的办公场地都扩大了三倍，并为我们的客户生产了主导市场的产品。我们也因为独特的企业文化而受到了相当多的关注，被丹麦首席幸福官认定为全球十大最幸福的办公场所之一，并被 *Inc.* 杂志评为 2013 年最欢快的 25 家小企业之一。门洛创新公司每年都被特蕾西·芬顿（Traci Fenton）创立的 WorldBlu 评为世界上最民主的工作场所之一。

每年，我们都会接待成千上万来自全球各地想亲身感受我们的快乐文化的来访者。我每天晚上都能够安然入睡，因为我知道自己已经在一家不靠其他投资，年年都能实现盈利的企业里实现了我个人所追求的快乐文化。我们的反主流文化方法并不复杂，尽管变得简单从来就不是易事。

快乐？你在开玩笑吧

快乐一词并不经常与商业成功相联系。在我的行业中尤其如此，毕竟我们的工作是设计、构建、发布和维护复杂的软件。毕竟，软件行业在商业环境中定义了“死亡行军”（Death March）这个术语：程序员通宵达旦地工作，带着睡袋上班，放弃陪伴亲人的时间，取消假期。这样的死亡行军经常导致最悲伤的故事：项目在他们看到光明之前就被取消了。然后，程序员们在回顾他们个人生活的鸡零狗碎时，不禁感慨，为什么要在一件没有结果的事情上付出这么多的努力。

同样地，软件行业也强加给大家一种“用户是愚蠢的”的概念。那些“愚蠢的用户”将需要傻瓜书（Dummies）来帮助他们成功地使用我们精心设计的技术产品，因为他们不够聪明，无法理解我们构建的内容。软件行业还让大家接受，可怕的编程错误和巨大的安全漏洞是技术进步过程中的必然结果。

我和所有人一样都知道这一点。在经历了令人难以置信的充满希望的开始后，在我的职业生涯的大部分时间里，我和你们一样离快乐十分遥远。当我从战壕里的程序员发展成为一家迅速发展的上市企业的高管时，我是这些死亡行军中的典型一员。无法实现的对客户的承诺以及我对团队的高要求，让我感到精疲力竭，夜不能寐。我们发布的劣质产品给用户造成了麻烦。当我说出自己的担忧时，其他高管们向我保证，在产品交货后会有足够的时间来解决出现的问题。事实上，这个诺言从未实现过。当如预期的一样，大量的问题爆发出来时，我的老板告诫我，他们不是要我创造如此糟糕的产品的。

以前，我以为只有自己会遭遇这么糟糕的情况，别人都处理得很好。现在，我知道自己的情况并不是个例。现在，有很多人问我如何把快乐带到工作中来，包括医疗保健系统、中学、大学、教堂、非营利组织、汽车公司、医疗设备制造商等来自各行各业的人。我也听说了一些全球发展最迅速的公司，它们的企业文化屡获嘉奖，但是即便是这些企业，也并未找到职场快乐之法。

但事实上可以不必如此。在我们追求这种难以捉摸的快乐的过程中，门洛创新公司改变了我们的做事方法和过程中的一切，并且在此过程中，将关于管理、文化和可持续发展的传统观念也进行了颠覆性的革新。通过我们的根本性变革，我们开发了可应用于任何组织的课程，而不仅仅是针对软件公司。我希望我们将快乐融入我们业务核心的经验能够激励你找寻到你一直希望实现的变革。

在接下来的几页中，我们将探索管理层可以用来为自己的工作环境带来快乐的方法：实际上，简单、可重复的过程可以提供可预测的结果；不需要传统人力资源的强大人力资源管理；专为潜在消费者设计的产品；确保手机永远不会出现故障的质量实践。本书将教你如何在没有陈腐制度的情况下实施结构，并在不开会的情况下做出决断。你将了解如何消除工作场所中“人为制造恐惧”的影响以及如何通过消除模糊来激发出人们的力量。我们还将考虑保留基本的人类原则，如尊严、团队合作、纪律、信任和快乐。

虽然我描述了很多自己的经历，但是我并不是想说我们公司的做事方式就是你们应该采用的。只是我在多年的经验中得知，真实案例会非常有利于阐述观念，但是这种真实案例在商业书籍中却是少之又少。《最有效的干法》这本书中讲到的故事是我在超过 40 年的职业生涯中真正经历的。所以，该书是经验性的叙事，意图给予你们动力和激励，毕竟在大多数情况下，牵头进行文化革新是一种孤独的追求。

我们很幸运地接待了许多聪明、尽职尽责的学者来到我们公司，亲眼看看我们创造了什么。他们认可了一些我们公司执行的有效的理论，当他们发现我们并没有通过深入研究更复杂的组织设计和团队合作理论来创建我们的文化实践时，他们感到很困惑。对于门洛创新公司来说，建立一种快乐文化很简单：我们希望打造一个让我们每天都迫不及待想来工作的地方。

快乐文化是分享文化

快乐文化吸引了公司外部的人，包括客户、当地社区和媒体。门洛创新公司成功的基石之一是我们将自己的想法和实践传递给他人的能力。

仅在 2012 年，我们就接待了 241 个独立的旅行团，共有 2 193 名访客。这些访客来自世界各地，他们参观安娜堡市中心停车场的地下室，许多人认为这是美国的天桥区。这些旅行几乎完全是通过口口相传促成的，除了在我们的网站上提及之外，我们并未进行相关宣传。有些行程是有偿的，但大多数是免费的。我会亲自带领他们中的许多人参观。这些访客来这里寻找我多年前所寻找的东西以及你现在正在寻找的东西。

当我带领游览时，我会这样介绍："欢迎来到门洛创新公司，这个地方创造了一种专注于快乐的商业价值的企业文化。"

访客听到这样描述门洛创新公司时感到很惊讶。他们认为我们是一家有趣的软件公司，通过访问我们，他们可能会获得一些不错的灵感，来帮助他们自己的技术团队。只要他们来到这里，就会感受到扑面而来的快乐氛围，简直无法避开。无论处于哪个行业，我们这种职场中的快乐文化都会影响到企业内的更多人。

为什么需要聚焦于快乐？

"好吧，"我问访问者，"如果我们团队中有一半人是快乐的，而另一半不快乐，如果你这边有一个项目需要分配给我们公司时，你们会选择哪一半人？"

当然，他们会选择团队中快乐的那一半。

"为什么你们想选择快乐的那一半？"我问道，"这会有什么不同？"

答案倾泻而出：

- 他们会更富有成效；
- 他们会更加投入；
- 他们更容易合作；
- 他们会做得更好；
- 他们更关心结果。

所有人都能迅速且轻易地认识到一家快乐的团队能制造出更好的产品。我们的快乐不只是一种内心感受。我们的目标是确保在公司所做的工作走向世界，被广大的目标受众广泛地采用和愉快地使用。一家快乐的公司非常关心它对世界的改变。除非有内在的快乐，否则你无法持续地实现外在的快乐。

借由这本书，我也是邀请你打开一扇门，看看门洛创新公司在做什么，而快乐又是什么样子。同时，邀请你感受空间的力量，这种空间是开放的、灵活的，并且没有人类交流的物理障碍。也邀请你听一听正在工作中的团队成员之间激烈且生动的对话。你们还会看到公司的墙上布满纸、纱线、图钉和彩色贴纸。了解有关我们如何创建快乐公司的所有信息，并与我们一起搜寻以下问题的答案：

- 什么是计划性快乐的文化？
- 如何重塑破碎的文化并获得快乐？
- 你可以在做这些的同时实现盈利吗？

快乐会提升你和你的团队

推动人类组织发展的原则类似于那些让飞机升空的原则。想想现代飞行器与古代人失败的尝试之间的对比。在我早期的职业生涯中，我试过像伊卡洛斯（Icarus）一样的管理办法，竭尽全力地挥动羽毛状的翅膀，却从未成功飞过天际。尽管付出了很多努力，我的成就很少，这让我变得疲惫和沮丧。

我们都知道莱特兄弟取得了突破并成功实现了飞行，但为什么在那么多人都失败了的情况下，他们是第一个取得成功的人呢？他们在同时代人中也有很多激烈的竞争，包括塞缪尔·兰利（Samuel Pierpont Langley）。兰利率领一支资金充足、受过高等教育的科学家团队，共同建造了第一架动力载人飞机。莱特兄弟当时完全没有名气，于是迅速退出了任何进一步的飞行探险。

关于为什么莱特兄弟实现了飞行，而兰利却没能实现的说法多种多样，但我认为有一个很简单的原因。

兰利试图建造一架飞机，而莱特兄弟只是想飞行。

兰利追寻的是名留青史、荣华富贵，而莱特兄弟追寻的是快乐。莱特兄弟只是想飞行，从鸟的视角去看这个世界。我在 19 岁拿到了飞行执照，所以我很清楚动力飞行的乐趣。莱特兄弟对快乐的追求，对一种具体信念的追求，是帮助他们成功的重要因素。这也是为什么在管理生涯早期我感到非常挫败的原因之一，我在像我的老板们一样竭尽全力地扑闪着我的翅膀，可是我想实现什么？我却无法给出明确的答案。

我现在知道自己在工作中想得到什么了，那就是快乐！在工作中追寻快乐不是为了得到名利或者回报。人类志存高远，团队也希望实现更高的目标，大家都想给这个世界带来深远的、有意义的影响。人们想要留下存在过的印记，不是为了荣耀，而是为了带来快乐或者终结磨难。就像莱特兄弟一样，我们门洛人也希望翱翔天际。我们发现在这个寻觅的过程中，金钱、名誉和荣耀也会随之而来。

幸福和快乐有所不同

在追寻快乐的过程中，我避开了走上幸福之路的诱惑。幸福没有错，毫无疑问你也应该寻求幸福。只是快乐更深刻、更隽永、更有意义。幸福更像是一种暂时的存在状态。你虽不见得无时无刻幸福，却依然能感到快乐。

在门洛创新公司，虽然我们玩得很开心，笑得很开心，而且几乎总是能量满满，但我们并不总是很幸福。我们有共同的信念，专注且备受鼓舞。有时，我们也会愤世嫉俗，甚至是彻头彻尾的愤怒。我们利用愤世嫉俗和愤怒的能量来推动工作，希望借此终结信息技术这个堪称地球上最劳累的行业之一对我们的折磨。

和你一样，我们所做的工作富有挑战且极为重要。例如，我们团队共同创造了世界领先的癌症和艾滋病研究工具之一，并合作建立了一个全面的器官移植信息系统。通过这些项目，我们公司完成了多年来一直在进行的重要且有意义的工作。人们很难做到一直幸福。事实上，如果幸福是成功的必要条件，那么当事情变得过于艰难时，我们会过早放弃。而聚焦于实实在在的、快乐的成果是让我们坚持下去的动力。

快乐是在成功完成训练并跑完一场马拉松时内心深处的满足感。

快乐是看着自己的女儿嫁给她的梦中情人时的欣慰感，因为心中知道所有含辛茹苦的培养都在那句简单的“我愿意”中得到了升华。

快乐是战斗机飞行员在经过所有训练和准备之后，在伴随着强风和低能见度的波涛汹涌的大海上，将 F-18 成功登陆在航母的甲板上。一旦发动机的轰鸣声停下，车轮固定住，驾驶员就知道飞机、驾驶舱团队和自己都安然无恙，他迫不及待地想要再来一次。

我们都希望在工作、生活、停工期间、学校、宗教团体、家庭和国家中感受到快乐，能与他人联结在一起去处理一些超出自己能力范围的事情。这就是为什么我们加入团队和公司，并且非常努力地工作以实现困难且阻力重重的共同目标。

对快乐的基本需求和内在动力是你阅读《最有效的干法》这本书的原因。

欢迎你阅读此书。很高兴有你的陪伴。

Joy, Inc. 目录

JOY, INC. 第二部分 重塑干劲十足的企业文化

HOW WE BUILT A WORKPLACE PEOPLE LOVE

JOY, INC. 第三部分 明确 5 个超强行动力原则

HOW WE BUILT A WORKPLACE PEOPLE LOVE

重燃正在熄灭的“个人之火”

1971 年 9 月初，我还是一名高一年级的学生，那时有一个奇妙的时刻改变了我的人生轨迹——我恋爱了。我爱上的不是一个女孩——当然那是几年之后的事情了。我爱上的是一台神奇的机器。

我坐在一台电传打字机前，输入了一个由两行代码组成的程序：

```
10 显示“HI RICH”（你好，里奇）
20 结束
```

然后我又键入：

```
RUN（运行）
```

电脑输出显示：

```
HI RICH
```

我被深深地吸引了。就是在那一瞬，我寻获了毕生想要追求的目标——成为艺术家。不过，要靠什么实现这个理想呢？那就是软件——这是一种极致的可塑造材料。13 岁时，我就找到了人生目标，听到了内心的呼喊。这是我获得的关于快乐的第一个启示。

第二年，每当我放学做完作业后，常会为了创建一个程序工作到深夜，它如今被称为“梦幻棒球”（Fantasy Baseball）。当时，我仅仅是想和我的朋友们在密歇根漫长的冬天里也能打我所喜欢的棒球。我设计了该游戏程序的规则，并在计算机中键入了整本官方《棒球登记簿年鉴》（*Baseball Register*）。当时，这个程序记录了 500 多个我孩提时代的棒球偶像的职业生涯数据、场上位置，还有他们是向左还是向右击打或投掷的相关资料。这一程序可以让我们自己挑选球队、队员阵容，然后与另一队进行比赛。我和朋友在玩这款游戏时所感受到的快乐坚定了我的目标。于是，在老师的鼓励以及父母的支持下，我带着这个程序参加了一个国际程序大赛，并在游戏类别中夺魁。

凭借这一颇具竞争力的科技成果，在我还未成年时，就得到了生平第一份程序员的工作，供职于密歇根州马科姆中学（Macomb Intermediate School）教务科，它以计算机办公为主。这里的计算机和高一年级时深深吸引我的计算机一模一样。接着，我带头打造了马科姆县的学校使用的首个电子邮件系统。之后，我们变成了一个庞大的高中生程序员队伍，我们每时每刻都在工作，只是希望成为这次变革中的一份子。富有激情、活力和友爱的同龄人组成团队，共同学习、共同体验，这种感觉让人沉醉。不过，周围的大人们并不完全知道我们在做什么。在他们的眼中，我们就像神童和技术名人一般的存在，这更让我们洋洋自得。甚至，我简直无法相信，缘于兴趣而做的事情，居然有人为之付钱。

从快乐到恐惧

整个高中和大学时代，我的“个人之火”都在熊熊燃烧——我对自己的未来以及世界的未来都充满期待；我相信计算机将改变一切，而软件就是促成这场改变的神奇力量。我将成为能与人类历史上任何发明比肩的运动中的一份子，这些发明包括：火、轮胎、电、胶卷、批量式生产、电视、晶体管和集成电路。为了实现我的职业理想，我还攻读了密歇根大学计算机科学和工程专业的双学位。

从世俗的眼光来看，我接下来的职业生涯堪称完美。每年，我都能享受到升职、加薪、优先认股权、更多的权力和更大的办公室的好待遇。1982—1997年，我在安阿伯市（Ann Arbor）的几个本土科技公司一路从程序员升到了副总裁。不过，在职业生涯的大部分时间里，我都供职于接口系统公司（Interface Systems, Inc.）。1999年，基于股价上涨，接口系统公司成了密歇根州的头号上市公司。此时，我手上的股权市值已经超过400万美元。我拥有了孩提时梦寐以求的一切，或者说看上去的确如此。

可是，在职业生涯的上升期，我却想一走了之。这是因为我所选择的行业辜负了我——我掉入了梦想幻灭的低谷，深陷于一个不能带来任何快乐的职业之中。但是，我无法离开。

在外界看来，我依然是一个十足的成功人士，不断地享受着升职、加薪，并拥有了更多的权责。即使如此，我却觉得毫无意义，因为我的生活正在一片死寂的绝望中苦苦挣扎。我和员工们总是加班至深夜，甚至周末也无法陪伴在所爱的家人身边。我们无法休假，因为项目的问题总是层出不穷，一个接一个。在令人抓狂的会议上，沮丧的同事会大吼大叫。我相信，走出这个管理困境的唯一办法就是将这些人解雇半数，但是我又讨厌烦琐的招聘过程。因此，这看上去又陷入了死胡同。质量问题延误了进度，顾客则不断地抱怨着这些延误以及随之而来的后果。

终于，我似乎对软件策划完全失去了耐心和热爱。此时，摆在我面前的有两个选择：改变这个行业，或者离开。

我选择了前者。

1997 年，在我 40 岁时，被时任接口系统公司首席执行官鲍勃·尼禄（Bob Nero）提升为公司研发部副总裁。彼时，尼禄也是一个刚执掌公司不久的外来者。在他来之前的这些年，我一直生活在对公司的畏难情绪中，所以我不愿意承担这份看不到希望的工作。虽然尼禄从我同事那了解的情况，足以证实我是一个具备知识和经验，且值得信任的人选，但是我还是拒绝了这次晋升，即使它可能会给我带来丰厚的物质报酬。

显然，我的拒绝惹恼了尼禄，他把我赶出了办公室。因为在他扭转公司局势的计划中，我是关键的一环。

当天晚上，我在家里认真地考虑了尼禄的提议和自己所面临的选择。我回顾了我对这个职业的热爱，并回想了第一次接触那个电传打字机的键盘时，内心所感受到的新发现所带来的极大快乐。我在这些回忆中徜徉，记起了在密歇根大学时的一个梦想，就是要打造一个安阿伯市最牛的软件团队。

我意识到自己正处于一场从未想过的竞赛之中。我的“个人之火”正在熄灭，我的业余生活正在变成糟糕工作的一种慰藉。有那么几年，就是尼禄掌管公司之前，我特意驾车绕远走偏远地区的公路，就是为了尽量晚点儿到公司。而到公司之后，我就转动电脑屏幕让它背对着门口，然后玩上半天接龙游戏（FreeCell）。当时，我已经没有工作热情了。

那天夜里，就在被尼禄愤怒地赶出办公室之后，这些画面一幕幕出现在我的脑海中。我决定寻求一种富有深度的、可持续的改变，并找到能再一次爱上自己的工作和行业的方法，而且要使之更好。

我相信世间肯定存在一种工作和管理团队的更好的方法。虽然我当时还没有确切的概念，但我相信它一定存在，而且只要一看到这种方法就能立刻辨认出来。我回想起我在密歇根大学时上过的软件工程课程，以及那些我羡慕的高绩效的合作型软件团队，例如英国的数据连接股份有限公司（Data Connection Ltd.）。

这些年间，我也读过大量有关组织设计和管理原则的书籍。那天晚上，我回想了其中一些对我影响最深的书籍，诸如彼得·圣吉的《第五项修炼》（*The Fifth Discipline*）、彼得·德鲁克的《管理》（*Management*）、汤姆·彼得斯的《追求卓越》（*In Search of Excellence*）以及约翰·奈斯比特的《大趋势》（*Megatrends*）。也许和你读过的许多商业书籍一样，这些书令我失望的程度正如其鼓舞人心的程度。书中大谈特谈伟大的组织，却并未解释如何构建一个伟大的组织。

不过，我发现一件对我有利的事情，我天生就是一个乐观主义者，而且能坚持不懈。将我放在合适的环境里，我会一直坚持辛勤耕耘，直到达成目标。终于是时候，将我在多年的探寻之途中学到和想到的一切付诸实践了——这是我大显身手的时刻。

第二天，我和尼禄说我会接受升职，然后将利用这个新职位来打造一支“最牛的软件团队”。尼禄对于我在一夜之间 180 度态度大转变感到非常惊讶，但他支持我重新振作精神。我相信，那时我们都不知道这个决定会带我们走多远。

不过，我知道肯定不容易。晋升之后，我和金伯莉在停车场的一次谈话让我觉得心酸，她是一个非常有天赋的领袖，而现在却要在我的手下做事。她说:“恭喜你晋升到副总裁。没有人比你更适合这个位置了。”

虽然金伯莉的祝贺是真诚的，但我清楚她想说什么。她想说的应该是:“还好不是我来坐这个位置，你会被生吞活剥的，祝你好运啦！”她的祝贺像是插在我胃里的一根搅拌棒。

接下来的两年是回归自我旅程的开始。我再一次在工作中发挥出了个人价值。我花了很多时间陪伴在团队成员身边，逐渐知悉了他们对未来的期许和渴望。同时，我也开放了一个公开的交流渠道，让大家了解管理层在做什么，并且明朗化了每个人的工作职责。虽然如此一来，情况得到了迅速改善，但与我的期待还相差甚远。

单纯的个人觉醒并不能改变整个企业文化环境。我需要更多的东西：一种全新的方式，有针对性地改善企业的新架构。

重获快乐：我大显身手的时刻

1999 年，距开始探寻一种更好的工作和凝聚团队的方式已过去了充实的两年。我在两个星期里获得了两项重大的发现。第一项是我开始读一个叫肯特·贝克（Kent Beck）的小伙子的维基[①]，不久之后他就出了一本书，书名是《极限编程》(*Extreme Programming*)。贝克讲述了一种基于巨大变革的激

① wiki，博客的一种早期形式。——译者注

进的软件编程方式：开放你的工作场所，通过手写便签条来管理项目，将大项目拆分成多个短的、可量化的周期，并让团队成员搭档合作。

第二项重大发现是在读了贝克的维基几个星期之后，我看到了《夜线》（*Nightline*）节目中关于IDEO公司的一个片段。IDEO公司是一家位于帕罗奥图的知名工业设计公司。在30分钟的节目片段里，我看到了贝克所说的《极限编程》的真实案例，虽然IDEO公司的风格并不是贝克所提出的方法的完美示例，但是IDEO公司是一家富有激情，具备亲密的团队协作能力，以及与客户关系非常好，而且拥有自觉的设计思维的公司。

贝克的书和IDEO公司的视频都呈现了一些与客户和终端用户实际交互的方法，就是让他们直接参与到工作中来。相反，我的团队所用的通常都是从销售团队那里拿来的二手甚至是三手信息。我们所打造的软件并未基于与之直接相关的信息，且从未经过深思熟虑，所以在生产过程中会出现多次全盘修改。换言之，我们所打造的产品从来都不是市场真正需要的。

不过，现在我知道工作场所是能够开放的，因而我对快乐企业模式的探寻也就正式收尾了。我把这个《夜线》节目的视频分享给了我们这个疲软、陈腐的上市公司的管理层，并告诉他们：“这就是我想做的。”我很幸运，在看这个视频的30分钟内，他们对我的想法表示支持。对于这个可能建立的新体系，他们和我一样激动。当平时最严苛的批评者问我：“我们什么时候把公司的墙给敲掉？”我知道，是时候开干了，因为董事会的人已经加入，我的老板也已加入，所有人都加入了。

虽然我并不能确定这种改变究竟会产生什么样的效果，但是有两个因素是对我有利的。第一，在我的“个人之火”几乎熄灭之后，它又一次熊熊燃烧起来。

第二，我拥有了能够成功而又彻底地重塑工作环境的保证——詹姆斯·戈贝尔（James Goebel）的支持。就像我在“快乐之旅”中碰到的许多重要人物一样，和戈贝尔结识也是一个相当偶然的机会。他是安阿伯市当地的Appnet公司的首席咨询师，我后来和该公司签订了合约，让其培训我的团队用一种新方式来开发软件。他们将戈贝尔分到了我这个项目组，之后他和我共同促成了这次技术转变。戈贝尔带来了他们公司的几个资深程序员，他们会一起为我的团队成员提供手把手的指导。

戈贝尔以前没有见过像我一样的人，竟然愿意进行多次严肃且彻底的实验。同样地，我以前也从来没有见过像戈贝尔一样的人，他能够一次又一次地提出疯狂且令人振奋的新点子。在这个变革计划中，戈贝尔成了与我并肩作战的搭档。

有了首席执行官的支持，有了董事会的支持，而且还有了搭档。万事俱备，只欠程序员团队了。

血腥，残害，谋杀

我的团队知道，我一直都在寻找解决我们最迫切的一些问题的途径。毕竟，问题是显而易见的。比如，明明已经过了最后期限，可运行软件却还没有研发出来，甚至距离项目完工时间还差一大截。在大家本以为软件已经做好的时候，质量团队却发现它无法运行！而程序员们却早已进入了下一个项目的工作。在他们声称：“它在我的机器上能运行。”之后，就把它放在一边。当经过几个月的质量测试，程序终于能运行了，结果却很少能接近用户的实际要求。即便程序符合用户的要求，但又发现用户不会操作软件，于是又要提供更新的用户文档和教程，从而让“愚蠢的用户”学会使用程序。

我把团队中的14位软件工程师叫到一起，告诉他们有关《极限编程》的事情。这些思想对他们来说是全新的，与他们以前所经历过、所想过的完全不同。

之后，我问他们：“你们对这些有什么看法吗？”

回答我的是一片沉默。

我的团队马上就察觉到了危险：里奇副总裁正在酝酿一个疯狂的想法，如果我们不在这个想法成熟之前把它推翻，他就会尽力去实施了。

我又问：“你们有什么看法吗？”

结果是更长时间的沉默——死一般的寂静。

最后，居尔举起了手。

“居尔，你认为怎么样？”

“血腥，残害，谋杀。”他的语气平静，却带着一股坚定的信念。接着，他恳求道：“里奇，不要这样做。不要让我们这样做。不要剥夺我们的办公室。不要让我和别人共用一台电脑。求你了，不要让我分享自己的代码。那是我的代码。”

“无论如何，里奇，那是我的代码。”

噢，天啊。这件事做起来可真不容易。

第一次实验

在那次会议之后，鲍勃和克莱尔这两位经验老到的开发者就来找我了。

他们想要试试这个“极限编程”实验，也给我的疯狂想法一个实现的机会。

在过去的两年里，我授权克莱尔领导了一项被我们亲切地称为“软件开发生命周期”（Software Development Life Cycle，简称 SDLC）的改革尝试，这项改革当时失败了。在我们这个行业中，我们将这种工作方式称为“瀑布式方法”（waterfall approach）。这个过程涉及方方面面，包括一个中央规则委员会，规定的会议，强制执行表决，带有赞同 / 否决决策点的阶段关卡，负责审查行进中文档的多个常务委员会，等等。

第一个项目费了很大一番工夫才走完整个瀑布式周期。之后，我们认定需要采用一种简化的软件开发生命周期，让进程较为快速、周期小的项目能够顺利完成，不要那么烦琐的流程。但是没过几个月，软件开发生命周期和它的简化版就在沉默中灭亡了。由于没人参加，我们便也忘了召开的会议。这种新方式是克莱尔的心血，他为此感到灰心丧气。他的“个人之火”正如我的一样，熄灭了。

在你的公司，你也许见过在精益原则、六西格玛或者国际标准化组织等管理方式的实施过程中，由于信息不畅，导致的官僚之风横行。或许，你看到为了能控制局势，公司组织程序变得越来越烦琐，会议越来越多，各种委员会层出不穷，层级也变得越来越复杂。这些努力的意图是好的，但结果却往往是成本上升、工作量剧增和文书工作变多，而且对质量、生产力和交流没有实质性的改善。

既然软件开发生命周期的努力宣告失败，而且克莱尔和鲍勃也愿意从头来过，于是我很快批准了他们建议的极限编程实验。他们二人立即选择了一个“开放实验室”（一个敞开的小房间）作为共用的工作场所。在那里，他们并肩坐在一台计算机前，一起编写自动化单元测试，依据手写的索引卡工作，并且每周都会在规划策略会上组织和评审自己的工作。简而言之，他们不折不扣地测试了“极限编程”的方法，采用了居尔和大多数同事拒绝接受的所有技术。

在这个实验进行了大约3周时，克莱尔有一次在停车场叫住了我，他问我是否仍然会像以前一样给他发工资。

我反问道：“你这样说是什么意思？”

克莱尔回答说：“我现在的工作太快乐了，以至于它变得不再像工作。所以，我不敢肯定你是不是会继续给我发工资。”

就在这个实验开展的短短几个星期之前，克莱尔还决定要离开公司，并让我为他找工作充当介绍人。显然，这个新实验大获成功了。

一边是“血腥，残害，谋杀”的激烈反应，另一边却是“我愿意免费为你工作”的情形。这两种反应都不同寻常，是处于M曲线两端的极端反应。我由此认识到，在面对重大变革时，如果得到的情绪反应分布符合标准正态曲线，这种变革可能将永远都无法带来持久的改变。你需要的是极端反应所带来的干劲，而这是温和的态度所不可能做到的。

地点和事件一样重要

我获得了克莱尔和鲍勃的支持，是十分可喜的一件事。同时，我需要继续推进这项工作。我确信，达成梦想中整个公司的变革的一个关键是物理空间，那么，我们要去哪里建立一个像贝克推荐的、IDEO公司视频展示的那样的开放的工作环境呢？在这个具有30年历史的公司里，我和詹姆斯都被传统的格子间和办公室压得喘不过气来。而在这里重建办公环境根本不可能，因为要花费的时间和财力太多了。

一天早上，戈贝尔兴冲冲地找到我。他带我来到了接口系统公司用于制造打印机的旧厂房，指着被纸箱和已封存的流水线设备挤满的、黑漆漆的空厂房说："就是这里了。"

这是一间宽敞却丑陋的房子，一间虽宽敞丑陋但却开放的房子。这个宽敞的空间里没有墙，没有办公室，没有隔间，也没有门。这是一个适合协作的巨大的开放空间。就是它了！

第二次实验

我们将戈贝尔发现的那间厂房做了一次彻底的清理：首先拆除生产线，把遗留的设备清空，再将整个厂房清洗干净。然后，我们摆放了一些简单的八脚折叠桌和椅子，并安装了一个适用于台式计算机的新电路系统。现在的问题是：怎样让团队入驻进来？

戈贝尔建议做一个实验。他说："我们不妨用这个工厂提供更深入的新编程语言 Java 的实践培训。"我们决定教团队的 14 人用我之前和他们讨论过的所有"极限编程"的疯狂新技巧，包括结对编程、单元测试和代码管理。戈贝尔的三位顾问程序员会和我的程序员结对。我们将以这种方式工作一周。在这一周内，每天都更换工作伙伴，保证每一位团队成员都有机会和戈贝尔的顾问程序员协作，以进行交叉培训。

这一次，没有再出现"血腥，残害，谋杀"那样的激烈反应。其中有两个原因：第一，这个实验仅仅持续了一周时间。换种方式工作 5 天，能坏到哪里去呢？第二，我们为这些程序员提供了一个学习 Java 这种最新编程语言的机会。要知道，在 1999 年的美国，每一位程序员都想要学习 Java。

很快，这里就呈现出了一派繁忙的工作景象，让我简直不敢相信。他们干得热火朝天，讨论之声不绝于耳，相互间合作亲密，进步神速。在工作中学习，最重要的是充满了欢乐。一言以蔽之：乐在其中。

在这个为期一周的实验开展期间，公司的其他人三五成群、一个接一个地来打探我们的临时工作场所。整个公司的人都在这里跑来跑去。我手下的一个叫蒂姆的员工拿了一顶安全帽进来，并在门口挂了一个指示牌，上面写着“Java 工厂：请佩戴安全帽”。于是，那一周我们开始称它为 Java 工厂。日后融入我们企业文化中的这种幽默诙谐，其实从这件事开始就有迹可循了。

当你在考虑文化变革的抱负时，不要忽略引发其他人的激情和活力的重要性。我见过许多团队向其股东隐瞒重要的工作方式或组织变革，以试图达到“黑箱化”变革方案的目的。这些方案通常都在领导变革的人被替换之后，迅速走向了毁灭。

领导力的关键测试

那个星期结束时，我把测试小组叫到了一起，问他们对这次培训的看法。下面传来一片赞扬之声。

“噢！很有趣。”

“我不敢相信自己学到了这么多东西！”

“我不敢相信我们完成了这么多工作。特别是考虑到在这一周之前，我们甚至不知道 Java 究竟是什么。”

刚刚发生的这一幕意义重大。这种反应我至少寻找了 10 年。我的下一步行动将非常关键。我有两种选择：我可以让这个团队回到平常的工作方式中，或者把握时机，继续这个显然已经大获成功的实验。

你大概能够猜到我的选择。

“很好，各位，”我说，“从现在起，我们就以这种方式工作了。”

下一秒，再一次出现了死一般的寂静。

然后，他们一起惊恐地叫喊着：“不！”

就这样，我的变革之路碰到了最大的障碍：对未知的恐惧。虽然团队成员现在对这样一场变革意味着什么有了更清楚的了解，但他们仍然竭力想要保持住过去那种舒坦的工作方式。他们可以接受把这个实验当作一星期的培训，但如果把极限编程作为日常工作方式，这种变化就太大了，他们还没有做好准备。

于是我提醒他们，他们在几分钟前对这个实验的反应还是积极乐观的。接着，不少程序员低下了头，眼睛看着地下。他们意识到了自己所表现出来的巨大反差。他们感到矛盾，不知该如何是好。

我接着说：“各位，你们刚刚怎么对我说的呢？‘从没完成过这么多的工作。从没这么开心过。从没学到过这么多的东西。’从今以后，我们的工作方式就是这样了。”

听我这么说，他们中的大多数人没有一点儿高兴的表情。接下来几天里，一些老员工向其他高管陈述这种方式不可行，试图迂回地堵截我。甚至有一些人找了他们熟识的董事会成员。但是这些措施都太迟了，因为我早已向所有的执行副总裁、我的老板、董事会，甚至一些大股东介绍了我的新工作方式，并提前获得了他们的认可。我们已经准备好了。

变革不容易

都说变革不容易，何况我所寻求的也并不是容易的变革，我要的是有意义的变革。我完全理解珍妮安·拉马什（Jeanenne LaMarsh）在她的许多书中，包括《改变变革方式》（*Changing the Way We Change*）一书中教给读者的关于组织变革的定义。为了让其他人接受变革，你必须清楚变革威胁到员工已有的哪些福利待遇，特别是，如果一些福利待遇无意中给员工带来了痛苦，就更应该注意。如果要坚持变革，就必须迅速用同等价值或更好的福利待遇取代旧的奖励制度，并记住：**大多数奖励不是用钱来衡量的。如果不能建立新的福利待遇机制，就会导致，一旦有机会，团队就会回归到过去的模式和奖励制度中去。**

那么，我的团队成员享受到的现有福利待遇包括什么呢？

- 可以自豪地声称自己拥有所写的代码。
- 清楚地认识到个人对公司目标所做出的贡献。
- 基于上述两项（自有代码、个人贡献）的绩效评估、升职和未来目标。
- 专属个人的、单独的办公室。
- 便于冥想的、安静的图书馆。
- 不受监视器监视。
- 办事自主权，不必向同事汇报。

- 能够把精力集中在有趣、有难度的技术性工作上。
- 知道质量保证是其他人的问题。

而采取新方式之后的潜在新福利又是什么呢?

- 质量过关且能按时交付的产品。
- 能获得目标用户认可的产品。
- 真正的团队归属感，而不仅仅是某部门组织结构图上的一个名字。
- 每天学习新东西的机会。
- 可以安心计划休假，不必担心被召回工作。
- 不会出现技术性灾难，不需要通过艰苦卓绝式的通宵加班来修复问题。
- 从优秀的工作中收获自豪感。
- 不会长时间受困于“知识高塔”。
- 不会坐视所有好的新任务都交给新人。
- 真正获得同事支持的感觉。
- 能够可持续性地重复产出有质量的成果。
- 达到前所未有的业务参与度。
- 一个“拥抱改变”的部门，而不是“拒绝与拖延”的部门。
- 一切我们真正想从这份职业中获得的东西：乐趣、干劲、激情。
- 稍微交点好运的话，还有随着公司的实际商业价值上升带来的股票期权的金钱好处。

新的一天

我已经郑重决定，极限编程的新方式将成为我们今后的工作方式。尽管这个团队有逃避变革的各种借口，但是我手里的王牌就是Java。于是，我和戈贝尔宣布，如果我们的程序员想要参与新的驯鹿游戏[①]，也就是在新的结构体系下使用 Java 在新的产品线上工作，就必须接受新的工作方式和新的工作场所。

这一表态获得了预期的效果。我的团队开始对 Java 培训前的那种旧工作不再那么热情了。他们想要玩新玩具，为此采用新的工作方式也是值得的。随后，新的工作模式开始显现：团队中一些成员早上会先去 Java 工厂，而不是分配给他们的个人办公室。6 个月之后，极限编程方式终于在接口系统公司迎来了引爆点，团队成员开始告诉我，他们不再需要过去的办公室和隔间了。

改变的不仅仅是日常的工作方程式，还有成果汇报。当时，我们的工作周期为两个星期，而且每两星期我们就会精心组织一次会议，报告当前的情况，我们将这个会议称为“展示说明会”（Show & Tell）。整个公司的人都会被邀请来参加这次会议，我的团队就在此展示工作成果。业务人员开始期待这次会议，并在他们的时间表里留出参会时间。他们觉得自己是这个过程中的一个重要部分。秘书、支持团队，乃至接待人员都会来，不仅是为了看我的团队活力十足的精神风貌，也是为了更多地了解我们公司为顾客做了什么。我们使公司业务对所有人都更透明。

公司史上第一次，企业主管人员真正深入了解了我的技术团队正在做的事情以及真实的进度。我们已经成功地建造了一座连接研发和公司的桥梁。我的团队成员开始感觉到兴奋，也会在展示说明会上收获乐趣。他们会带上糖果，发给提问者。在一次特别难忘的展示说明会上，我的团队成员组建了一支完整的乐队，配备了架子鼓、吉他和麦克风，他们把我们的工作进展以

① “驯鹿游戏”的含义来源于一首有名的圣诞歌曲《红鼻子驯鹿鲁道夫》（*Rudolph The Red Nosed Reindeer*），指那种在团队内刻意把某人排挤在外，不让其参与或赢得游戏或者活动。——译者注

歌曲的形式唱给全公司的人听。现在，我们这里充满了欢笑，而之前却是恐惧和厌恶。

尼禄为我们的新体系感到高兴，他在公司股东年会上组织了一个开放日，让股东也能看到这一转变。销售团队也会为前来参观的顾客安排“工厂”之旅。

现在，我的“个人之火”比以前烧得更旺了。每天，我都迫不及待地要去上班，再也不会为了晚到而故意绕行更远的乡间公路。相反，我和戈贝尔会加班到很晚，确保新流程的两周循环期的每个阶段都能一切就绪。所有事情都有条不紊地进行着。

一辆红色的小马车

在新的工作场所中存在的挑战之一是典型的办公室模式不再适用。由于计算机是共用的，编程伙伴也在频繁更换，所以你不再可能拥有个人空间。当你每隔两星期必须换一次位置、换一台计算机时，就会遇到一个实际问题：“我如何处理个人物品呢？”蒂姆是我手下一位资深的开发人员，精力充沛、有趣，他带进来了一辆红色的小马车，就是一个木质板条围边的雷德福来尔玩具卡丁车。每两周，他都会把个人物品装进那辆车中，然后运到新的位置去。

这种聪明、搞笑又富于灵感的创意，在 Java 工厂里大大小小的方面到处都有体现，而且几乎所有这些创意都不是上行下效的。趣味的力量降低了人与人之间的戒备心理，信任也自此建立起来。这是我从团队的对话中听出来的。他们用“我”的时候变少了，而用“我们”的时候要多得多了。当有人突然遇到问题或陷入困境时，无须求助就会有人主动帮忙。如果有结对编程的同事静坐在他们的计算机前，面无表情地盯着屏幕，另一对伙伴就会上前去问：“怎么了？”这让人感觉到安全和进步，而不是竞争与紧张。

待在原地的风险

采用新方式的那几个月内，接口系统公司股价上涨，成了密歇根州排名第一位的上市公司。我们的股价从每股2美元涨到了每股80美元。（互联网泡沫，昙花一现，海市蜃楼。）

在这次火箭式增长期间，在我手下工作了很久的一位程序员大卫找到了我。他问我：“里奇，你之前并不知道结果会这么好，为什么敢于冒险推行这么重大的变革呢？毕竟，你已有了一切：副总裁头衔、地位、权力、高薪酬、股票期权和权威。”

我回答说：“实际上，原因很简单。待在原地的风险比改变的风险要大得多。”我的工作并没有面临风险，我的职位或薪酬也没有问题。但是，我自己却面临着风险。我热爱事业和工作的那部分人格已经消亡了。如果我不能再做小时候就非常喜欢的事情，那余后的职业生涯又该干什么呢？

大约在这时，一家来自硅谷的收购公司前来为收购接口系统公司做评估。它的调查团队尽职地评估了我的团队、我们的历程以及产品。2000年9月1日，那家公司以10倍于某个时间节点之前的接口系统公司股价收购了我们，那个节点就是我决定建立这个镇所见过的最牛的软件团队之时。直到现在，尼禄还是将我团队的转变归为公司成功出售的主要原因。我们都感觉自己像英雄，并且据票面价值，我们还曾短暂地成为过富有的英雄。

但是在2001年年初，互联网泡沫破裂，位于加利福尼亚州的母公司关闭了旗下所有的外部办公室，包括我们在内。我们开展的美好而前途光明的实验就此结束。从1971年开始，我延续了30年之久的职业生涯第一次戛然而止。

我和詹姆斯·戈贝尔，再加上詹姆斯在Appnet公司的两位同事鲍勃·西姆斯（Bob Simms）和汤姆·麦洛奇（Tom Meloche），立即开始讨论成立一家新公司。我们清楚如何打造具有优秀且趣味文化的“发动机舱”。不幸的是，我们成立的第一家公司有着“泰坦尼克”号般的命运。当“泰坦尼克”号撞上冰山时，我们完美的发动机舱也跟着沉入水底了。但错误不在发动机舱上。

所以，我们重新来过。2001年6月12日，门洛创新有限公司（Menlo Innovations LLC, 后文简称“门洛”）成立了。最初正是整个行业走下坡路的时候，我们总共只有五六个人承接项目。许多人都认为，我们在行业非常不景气时开办IT服务公司很疯狂。而对外界来说，我们似乎显得异常自信。事实是，他们不知道我们了解的东西。

我们决定创办公司的目的是：**通过为别人设计和开发软件，把快乐带给世界，并把我们构思出来的快乐模式和体系教给别人**。我们从未打算对自己的工作方式保密。我们发现了对这个行业非常重要的东西。它们意义重大，不容独享。

长久的快乐

现在，我很高兴地告诉大家，我的“个人之火”比以往任何时候都要燃烧得更旺。我的孩子相信我永远不会退休。他们确信我会一直工作，直到有一天我在自己工作的地方面带笑容地离开这个世界，而这个工作的地方曾给我自己、我的商业伙伴、我的团队以及给一个时期的世界带去了欢乐。

我希望你能通过阅读本书发现我的快乐。我并没有假定对我管用的东西对你一样管用，如果你在思索这个世界上人为的快乐文化会是什么样的，那么我就想给你提供一些启示。书中讲述了许多真实的，有时甚至是痛苦的故事，还有许多是为了让世界变得更好而尝试的事例，所以在你继续寻找工作乐趣的同时，不妨和我们一起来做实验。

JOY,

第一部分

创建一个充满激情的工作场域

INC.

HOW WE BUILT
A WORKPLACE
PEOPLE LOVE

Joy, Inc.

How We Built a Workplace People Love

Space and Noise

01 无界，极致开放工作场所

我们塑造了建筑，而建筑反过来也影响了我们。

——温斯顿·丘吉尔，1943年

那是一个夏日的傍晚，我约定和一位潜在客户在她的办公室里会面。她是那家公司的首席执行官。接待员前去叫她的时候，我在大厅等着。从我所坐的地方，可以看到这家公司办公区域的样子：高高的隔墙，标准高度的吊顶，缺乏创意的、明亮的荧光灯，以及空无一物的、雪白的墙面。

然后，我听到了——更准确地说，我没有听到任何声音，只有像图书馆一样的安静。这种安静“落”在我的耳朵里，倒像震耳欲聋般的声响。那是傍晚，所以我理所当然地认为所有人都已经下班了。

随后，那位首席执行官来找我，并把我带到了她位于角落的办公室[①]。途中，我们经过了一片由小隔间组成的区域。这些办公室的规格完全一样，而且每个小隔间里都有一个人在默默地工作。这片办公区域气氛沉闷，我感觉在这样的环境工作中，员工的工作可能也会缺乏创意。办公室里没有活力，没有一点儿声响，很有可能也没有创意。这和门洛完全相反。

---

① 角落办公室（corner office）为公司高层的象征。——译者注

大多数工作场所之所以会扼杀活力，是因为预先设置的环境就是沉闷、乏味的。它们不仅凭借物理障碍和大门来遏制交流，而且办公室里一些不能适应变革要求的现代化布置也会进一步压制创造力。人们用尽一切方法让它们变得安静，变得死气沉沉。即便是那些频频获奖的公司，它们的工作场所也是这般滑稽可笑。那些工作场所往往不是为了培养团队合作和干劲建造的，而是为了得奖建造的。如果你去参观这样的公司，就要注意它们的工作场所是如何被使用的。即便使用了多年，是不是还是依旧如新？它的工作场所是否只是设计美观，还是让身在其中的员工的工作也能富有成效？

门洛的快乐从我们周围的环境开始。我们的公司设立在一个宽敞、开放的“工厂”里，讨论声不断，十分活跃。当你拉开那扇高高的玻璃门走进去时，就会感觉到这个地方的活力——这是显而易见的。你会看到一片灯火辉煌的开阔空间，人们在里面热火朝天地工作着。你还能听到笑声。甚至墙面也会吸引你的目光，上面张贴着文件和五颜六色的海报。我们的软件工厂可能会让你觉得像一家受欢迎的饭店，这里人声鼎沸，欢笑随意。

如果一家公司是快乐的，那么它的任何地方都能显现这一点。你不仅要告诉人们你的公司建立在商业快乐的概念上，而且也需要让他们在进入你的工作场所的第一时间就能亲眼看到、亲耳听到。

拆除围墙

门洛专注于打造能激活员工状态的工作场所。迄今为止，我们的所有工作地点都使用了宽广、开放的房间。2012 年，我们搬进了安阿伯市中心一处停车场的地下室，占地面积为 1 579 平方米。这里原来是一个饮食区，在我们对其进行整修之前，闲置了多年，宛如一个地牢。我们喜欢把工作场地称为“工厂”，这里没有隔墙，也没有单独的办公室、隔间，甚至没有门（仅有的几扇门是出于安全考虑和洗手间隐私而安装的）。最近，我们增设了三间由玻璃墙围成的会议室，因为我们发现客户不像我们一样习惯工作时存在噪声。工作场所内的天花板高度都各不相同，一些高达 6 ~ 9 米。因为地下室里没有窗户，所以我们安装了大量的灯。每个人都处于对方的视线范围内，这是我们有意为之的，因为我们想要消除简单的人际交流之间的一切障碍。

我们的工作台由数十个轻型铝质五脚桌组成，每张桌上摆放一台计算机。这些桌子紧紧地挨在一起，而坐在这些桌子前面工作的人甚至挨得更近（因为两人共用一台计算机）。从高高的天花板上垂下来可伸缩的下拉电源线和网线，方便供电和联网。

地板是混凝土的，经过了抛光和封胶，因为我们的东西摆放得并不规整，使用这样的地板更易于清理。我们的工作场所允许带狗，所以封胶处理过的地板特别实用。我们欢迎员工把婴儿也带来，所以在我们工作场所的中间常常摆放着一张婴儿床。这些设计让你能在走进我们工作场所的第一时间清楚所感受到我们的文化。

我们的墙壁上满是彩色的纱线，以及用图钉固定的带有小贴纸的文件。桌子上摆放着塑料的维京海盗头盔玩具，还有一个从天花板上悬挂而下的迪斯科球。在墙上较高的地方张贴着海报。我们还摆放了一个有些年头的托马斯·爱迪生的半身石膏像和一个正常工作的电灯泡复制品，以此来提醒我们他在新泽西州门洛帕克的实验室。我们的三个会议室由上接天花板的透明落地玻璃墙隔离而成，装有沉重的透明玻璃制成的滑仓门。

我最喜欢的一个伴随我成长的电视剧是由艾伦·艾尔达（Alan Alda）主演的《陆军野战医院》（*M*A*S*H*）。门洛和陆军野战医院有很多相似之处，它们拥有非常高效而十分有趣的文化。

我始终认为战地医院本身的流动性这一点很吸引人。在战争中，当前线转移时，他们能够迅速转移地点和改变工作场地，如有必要，甚至还会通宵加班。在门洛，我们同样也有一个由轻便的移动设备组成的、非常灵活的工作区。在公司的历史上，我们有三次“撤退”的经历，从安阿伯市一个地区搬到另一个地区，而且工作场所在不断扩大。每次，我们都选择一个星期六将整个工厂分拆（所有的一切：桌子、椅子、板子、计算机、书籍等），然后第二天在新的工作场所又将所有的东西都恢复原样。到星期一早上，门洛人又回到工作岗位，我们从来没有因为一次搬迁而耽误过一个工作日。

《陆军野战医院》教给我，乐趣能帮助缓解人们身处战争中的不安。幽默、搞怪和不尊重传统权威的企业文化则会让我们保持全情投入、精力充沛的状态。当你置身于开放、灵活、移动的工作场所中时，这些特性就会得到放大。不过，大概我最欣赏《陆军野战医院》中战地医院的地方是：当他们在手术室工作时，毫无疑问是全世界最好的。尽管他们有时可能显得狂妄不羁、愚蠢，但是他们也有严肃认真、技术娴熟的时候。虽然《陆军野战医院》中的医护人员厌恶战争给他们小小的流动医院造成的人为破坏，但他们还是拼尽一切去修复受伤的人性。

在门洛，尽管工作环境十分好玩，但我们对工作也有着相似的近乎让人不可思议的专注。我们会在工作场所里放许多非传统的工具和设备，以至有些客人们后来回忆说他们在这里看到了乒乓球台和桌式足球，而我们根本没有这些东西。一旦人们意识到我们的工作场地里有着许多可能后，一些访客就会情不自禁地脑补这些空白。这里充斥着无限的能量，即便偶然登门的访客也能感觉到它。我还记得有一位快递员刚进门就感慨道："我不知道你们是干什么的，但是管它呢，我想在这里工作。"

门洛宽敞明亮的工作场所

告别设备管理员

我们经常会调整工厂里的布置，每周都会，有时甚至是每天都有。只要有需要，团队中的任何人都可以调整布线格局和轻型办公桌的位置。门洛没有设备管理员，移动设备无须经过许可。团队成员可以随心所欲地依照自己想要的布局对工作场所进行调整。即便他们想将它布置成格子间那样也是可以的，不过我深信它不会发生在门洛。

改变工作场所的布局通常出于两个原因。第一是出于需要。如果启动一个新项目或者当前的项目要扩展，就会通过重新布置办公桌来适应新工作。我们的团队希望参与同一个项目的所有人都能搬到一起工作。程序员和高科技人类学家会直接搬动他们需要的桌子与计算机，把它们拼在一起。这样的调整不需要大张旗鼓的报告，通常只要花上几分钟就足以。

第二是为了改变而调整。如果已经好几周没有调整位置了，团队成员们就会在星期五晚上买些啤酒，然后花上几个小时把桌子和计算机的位置重新布置一番，目的就是为了做一些改变。他们通过调整自己在工厂里的位置来更新思路。这让每个人都重新充满活力，并树立灵活的心态，因为我们都必须习惯于自己的新位置。这样的话，团队就会对整个工作场所树立主人翁意识，而不仅仅是他们的项目所占据的那块区域。

实际上，我最喜欢的一次“改变工作场所”的行动，是在这次行动中没有移动东西。那是在我们最新的工作场所度过的首个 12 月的一个周末，一些团队成员一起在靠近出口那扇 6.096 米高的玻璃墙上画了一幅冬天的完整图景：精灵、雪人、一棵圣诞树和“快乐”的英文单词。没有人来向我们征求许可，也没有人出来说是自己画的。它成了我们年会上巧妙而古怪的装饰。

我们把这里的每一根柱子和每一面墙壁都视作空白的画布，等待着成员们挥洒或实用或诙谐的蓝图。这也让我们可以大声地说："这里是我们的天下。"把这儿打造成梦想中的样子，既是我们的权利也是我们的义务。

有趣的假日壁画

项目决定高管层的位置

有些人可能想知道，在这样一个宽敞开放、无拘无束的工作场所，我这个首席执行官坐在哪儿。大多数公司通过为高管人员配备套间来彰显他们的地位。但是，我们的高管层没有角落办公室，只有工作场所中间的一张桌子，以及一台老旧的白色苹果一体机，这台计算机值得注意的地方是它也许是整个公司里运行速度最慢的。这就是我这个首席执行官坐的地方。

门洛的领导层不迷恋角落办公室这样的虚饰，也不用最大的办公桌来体现自己的权力。我使用的是和团队其他成员一样的五脚铝质办公桌，也没有使用办公室里最好或最新的计算机。这并不是因为我想要一台运行缓慢的老旧的计算机，而是我不需要更先进的计算机。最快的机器应该给那些需要这样的计算能力来工作的团队成员。作为首席执行官，我不编程，而是在网上做研究、写文档以及查看邮件。我的位置之所以在工作场所的中央，是因为团队成员把我安排在了那里。

有时，团队决定我的位置需要靠近他们，这样我才能听到某个具有挑战性的项目的更多细节。如果是这种情况，他们就会把我的桌子移到负责那个项目的成员们的桌子当中去。所以隔一两个月，我就会换位置。

谁都不是大人物

在我们这样的工作场所中，没有大人物。我们的大多数会谈都在自己坐的地方进行，因为我想要团队成员听到我们和客户之间的交流。他们和我一样关心顾客，并且也许可以为我们的讨论补充一些重要的数据。

有人可能会认为这是偷听，而我则认为这只是一个专注于相同目标的团队的好奇心，这种好奇心对我们有利。我的大多数谈话都和公司的未来有关，他们热爱这家公司，这家公司让他们能够养家糊口。大多数公司接待客户都是穿过隔间办公室，然后再关起门来在专属的会议室里秘密制定重大决策。这些封闭的会议室传递出一个强烈的信号：如果你在门外，就无权参与这一讨论。也就是说："你没有我那么重要。"门洛人可不应该有被排斥在外的感觉！

我经常受邀去美国各地的公司，和他们的领导探讨如何提升团队的活力和生产力。他们会带我走过技术团队的工作区域。当我们穿过昏暗的一个接一个的格子间时，就会传来低微的细语："里奇，这就是我们的技术团队工作的地方。"我们从外面偷看，只见所有人都戴着耳塞默默地坐着，背对着门和监视器。

当我们回到首席信息官、首席技术官或副总裁宽敞的办公室时，他们一般会关上门，然后向我介绍他的团队正面临的沟通上的挑战。这些高管开始描述他们为团队成员安装的所有花哨的电子协作工具，但其实大多数团队成员的位置相距只有 1.5 米远，中间由一面薄薄的隔板隔开。他们之间存在的极大的不信任，正是由这种仅靠电子设备维持的关系引发的。实际上，他们之间没有真正的交流。当语气、语调变化和肢体语言从对话中被剥离出来时，信任很难被建立起来。

特别是，软件行业有一段程序员在剥夺感官的小隔间办公室孤军奋战的历史，放大了他们工作时的内向性。这种隔绝形同单身监禁，导致程序员产生了孤独和失去同事支持的感觉。人类渴望人际交流而且依赖非语言线索的程度比正式语言要多得多。像我们公司这样的工作场所有利于各式各样的人际互动。

门洛工厂充满活力，工作时欢声笑语不断。你能从中听到我们的工作。我们的讨论声和工作场地一样值得注意。

在《专事发明：托马斯·A. 爱迪生和门洛帕克经验》(*Working at Inventing: Thomas A. Edison and the Menlo Park Experience*) 一书中，威廉·普雷策 (William Pretzer) 描述了与我们的工作场所同名且氛围类似的爱迪生门洛帕克实验室 (Edison's Menlo Park Lab)。“这里远远不同于如同图书馆般寂静的脑力劳动场所，”他写到，“爱迪生实验室喧闹、拥挤，似乎总是人声鼎沸。”

在许多行业，人们普遍认为安静是建立“心流”的关键，“心流”就是指最佳工作状态。但即便是在最安静的办公室，环境实际上也从来不像是图书馆那样的寂静。在这些环境中，几乎每一位工作者都戴上了耳机听音乐或白噪声。这本身就为“心流”不要求图书馆那样的寂静提供了直接的证据。

不过在门洛，我们的“心流”是不一样的。**我们的心流是团队心流，不是个人心流。**我们在喧闹的环境中工作。我们为数不多的规则之一就是禁止佩戴耳机。如果你需要戴耳机才能进入工作状态，那么你就不适合待在这儿。

一些评论家称我们这样的喧闹环境不能奏效，还说在这样的环境中人们不可能集中精力，更不可能做成什么事情。他们忘记了和自己相距 3 个隔间的那位令人气恼的同事在电话里大声地谈论上个周末的比赛。他们忘记了隔壁那位交际花说服公司所有人顺便来一个咖啡座谈会。这让他们抓狂，也让我抓狂。在门洛不会出现这种情形。你在这里听到的谈话，都是关于解决问题或设计中遇到的挑战。一种潜在且有用的噪声流是很容易掌控的。你在我们的工作场所听到的噪声就是工作的噪声。

大多数现代商业项目都很复杂，要求团队紧密协作。噪声和它所展现出来的活力产生了协作与团队精神。

噪声创造机会

拥抱和尊重多变工作场所的文化能推动意外发现精神。我们实验室的意外发现精神的基本元素和爱迪生实验室里的一样，就是人们在无意中听到其他人的想法。同事经常见面，闲聊之间会引发一段意想不到的对话，这些都能为系统性的创新创造机会。这也许是开放工作场所最大的价值。

如果每个人都感到疲惫不堪、压力重重，关起门来戴上耳塞，与世界隔绝起来，那么听到别人谈论自己想法的机会就会断绝。你将错失许多接触创意火花的机会，这些创意火花能启发新想法和新方法。

一定要抓住冒险去设置工作空间和声音氛围的机会。工作场所和噪声在确保团队合作发挥作用的过程中扮演了重大角色，它们也能为你提供一个巨大的竞争优势：一个比对手学习速度更快的团队。

最有效的干法

JOY, INC.

1. 四处的工作地点都使用宽广、开放的房间。
2. 建立一个由轻便的移动设备组成的、非常灵活的工作区。
3. 领导层不要迷恋角落办公室这样的虚饰，也不必最大的办公桌来体现自己的权力。
4. 在工作场所中，没有大人物。大多数会谈都可以在自己坐的地方进行，因为团队应该听到我们和客户之间的交流。
5. 抓住冒险去设置工作空间和声音氛围的机会。工作场所和噪声在确保团队合作发挥作用的过程中扮演了重大角色。

JOY,

第二部分

重塑干劲十足的企业文化

INC.

HOW WE BUILT

A WORKPLACE

PEOPLE LOVE

Joy, Inc.

How We Built a Workplace People Love

Freedom to Learn

02 成为活跃的学习型组织

从长远来看，一个组织所拥有的唯一可持续的竞争优势，就是具有比对手更快的学习能力。

——彼得·圣吉：《第五项修炼》

2010年，我和资深程序员姬丽曾前往盐湖城参加一个技术大会。这场会议的参会者，是来自全美各地的程序员。在会议上，我们介绍了结对工作的经验。

2004年，姬丽刚大学毕业就进了门洛公司。她只知道我们的工作风格，不过她也听说过许多关于我们这个行业的恐怖故事。午餐时，姬丽在一旁听到几位程序员互报家门。一位是Java工程师，一位是Microsoft.NET专家，还有一位是Ruby程序员。姬丽听后，轻声对我说他们的介绍可真怪异。

那几位程序员听到了姬丽的评价，想知道她为什么会有这种感觉。她恭敬地说，她认为他们以一种语言来界定自己职业的做法非常怪异。他们想知道她是哪种程序员。她回答说，自己是一位软件工程师。他们更进一步地问，她使用哪种语言，是Java、C#、Ruby，还是.NET？姬丽回答，她会使用效果最佳的那种来解决所要解决的问题。这一回答惹恼了他们，便究根问底地问她忠实于哪项技术。姬丽不假思索便得出了答案：最适合顾客的技术。这时，他们已不再是有些恼火了，而是干脆耸了耸肩，不再理会姬丽，接着继续他们之前的谈话。他们实在无法理解，姬丽为什么不以她最熟知或最喜欢的技术来表明自己的身份。

想想几年前苹果手机和苹果应用商店刚发布时，这些程序员感到多么的措手不及。突然间，一种叫作 Objective-C 的语言成了这个世界上最重要的编程语言之一。在这个全新的世界里，他们曾经忠实的语言对他们有什么用呢?

我们的行业和许多其他行业一样，被分解为许多专业领域，每个领域都要求专业知识。比如在过去，医药行业是由全科医生主宰，而现在，我们有了应用放射技术的泌尿系肿瘤专家，他们专攻特定分期的前列腺癌的 X 射线疗法。无疑，这些专才的出现给世界带来了好处，但不幸的是在许多专业实践中，无论面对的是什么问题，他们始终都采用与自己专业技能相符的解决方案。少有人有能力或者有兴趣回过头去，从更广阔的视角看待问题。

在门洛，我们不会将自己局限在特定技术知识的领域里。我们的软件开发工程师拥有使用各种语言编程的经验，并随时准备针对特定问题选择最佳的技术，而不会偏向或固执地忠实于某项特定技术。在我们这个行业里，对特定技术的偏执最容易让人困惑。

这就是我们能够快速适应苹果手机和苹果应用商店，其所带来的新语言变化的原因。当时，我们的团队出去买回来一本 Objective-C 的书。仅仅几天后，一对程序员就开始应一位客户的要求建立苹果手机应用了。他们做那个项目的速度，比使用其他熟悉的编程语言做项目的速度要慢。但是，合作式的即时学习是我们获得竞争优势的基础。通过结对编程模式，我们赋予了团队学习的权利。

结对学习

结对编程是我们的工作方式和学习体系的基础。两个人整天坐在一起，用一台计算机，共同完成一个任务。如果他们都是程序员，还会共用键盘和鼠标（如果他们都是高科技人类学家，就会共用蜡笔和马克笔——详情见第5章）。结对编程小组的工作人员由我们的项目管理团队分配，并且每周都要调换。虽然团队成员可以自己选择特定的伙伴，但是我们的一个目标是确保每一个人和其他所有人都有一起工作的机会。

我最早在接口系统公司的 Java 工厂考虑结对工作的时候，不得不和自己所有的管理本能作斗争。你认为这是一种非常低效的组织人员的方式，是吗？让每个人单独工作不是更富有成效吗？我们岂不是付两人份的钱，却叫他们做一个人的工作？正是由于看到了结对工作有助于解决很多传统问题，我才认识到这一工作模式是我所发现的最有效的管理工具之一。结对工作不仅可以帮员工形成学习体系，建立良好的人际关系，还可以消除“知识高塔”的隔阂，简化新人培训流程，甚至消除绩效考核中存在的问题。

在门洛的结对工作环境中，我们在不断培养技能。每位结对伙伴都会互相传授自己独特的经验和知识。当两人一起工作时，他们经常会从结对伙伴的独特经验中学到新东西。在大多数公司里，了解一位团队成员的学识首先通过简历，然后狭隘地关注其工作经验和能力。通常，对该成员的其他能力只有个模糊的了解，没有机会去发现他隐藏的才能。

我曾经和我们的一位程序员结对工作，我们一起准备与讲故事有关的小组报告。那是我们第一次一起工作，我询问了他有关生活经历的问题。在那次简短的交谈中，我了解到他曾经为一家领先的声音识别软件企业工作过。巧的是，我们有一个长期合作的客户需要利用他的知识。他并不知道自己的这一工作背景对我们有用，所以可能不会主动向我们提及。这种不经意间的信息交换与手头的任务无关，但也许将来有一天会对我们的工作产生帮助。在独立工作的环境中，就不可能收获这种意外之喜。

在实际工作中，每时每刻都有学习的机会。结对小组中任意一人都可以教伙伴自己在前一星期学到的东西。例如，有一周，高科技人类学家米歇尔学习了如何安装假体，以及如何为膝下截肢患者校准假肢。在接下来的一个星期中，她会和劳拉配对，所以她必须迅速地把她学到的与我们当时正在设计的假肢软件相关的一切知识都教给劳拉。米歇尔也能通过将自己刚刚学到的知识教给另外一个人，提升了她对这些知识的理解。结对小组的两人互相学习和请教，都能在这个过程中扩展彼此的知识。如果我们这样运作几个星期，每星期都调整配对组合，那么一半的团队成员在不知不觉中就会成为崭露头角的专家和助益良多的老师。

10 个结对小组正在做一个项目，他们把桌子搬到了一起

不一味依靠精深的专业知识

学会和谐相处

每星期调整一次结对伙伴有助于杜绝团队常见的各种毛病，这些毛病可

能会对团队的学习成果造成不利影响。例如，这能防止团队成员在与另一位不是特别外向的成员搭配时产生被疏远的感觉。另一位成员的表现不够外向也许根本不是性格问题，而只是正常的羞怯。通过这种方式，我们也能防止形成派系，因为每一个人都有和其他人合作的机会。

我们发现，在一起结对工作超过 40 个小时后，双方更有可能会进行随性的谈话。他们在一起相处的这段时间，能够消除一个人对团队成员的大量误解。你和一个人交流了 40 个小时后，你对他的了解将颠覆之前的印象。

结对工作也能为我们的员工构建一张情感安全网。他们在扩展知识边界的同时，也测试了工作环境中安全的界线。每当有新技术、新流程或新领域被引入时，对前景渺茫的恐惧就会悄然而至，这是一种人类对未知的正常反应。

想象一下，让一个 6 岁的小孩走在一条陌生的路上，这条路靠近一片幽深阴暗的森林。这个小孩会因为感到害怕而呆站在原地，不敢向前迈出一步。但是，如果再把他的朋友（另外一个同样感到害怕的 6 岁小孩）安排在他的旁边，和他一起，他们也许就会手牵着手自信地走出这个陌生的地方。就像我们童年时在游泳课上学到的伙伴系统一样，结对工作能帮助我们大胆自信地进入未知领域，因为这一系统使我们感到安心。

看着生产力提高

我们还有一位女程序员，她也是大学毕业就直接进了门洛公司。参加工作的几星期后，她在家接到了一位朋友的电话。那位朋友在电话里抱怨她说，她不像其他朋友一样在工作时可以及时回复短信和信息。她是这样回答的：“我不能回复，因为我在工作。如果我回了你信息，就会辜负我的结对伙伴。”

有时，来访的客人问我们如何能够弥补结对工作所造成的生产力损失。

其实，这中间根本没有真正的损失。由于学习的进度不断在加快，我们反倒会得到巨大的收获。当有人遇到问题陷入困境时，有伙伴向他提出了一种不同的解决方法，问题就可能会迎刃而解。两对鹰一般锐利的眼睛盯着计算机屏幕，质量自然会有保证，因此我们在更短的时间内，就能获得更优质的结果。一个和我们竞争了多年的公司曾声称，在和我们竞争期间，他们的花费是我们的十倍。最终，他们认输了，因为在相同的时间内我们完成了更多的工作。那家公司现在是我们的合作伙伴。

结对工作并不意味着当一个人在敲击键盘时，另一个人就可以松懈下来。刚加入我们团队的成员在一天 8 小时的工作后，看上去往往有点儿精疲力尽。当我问他们这一天感觉如何时，他们通常都说过得很好……但是他们真的感觉很累。这并不是因为他们在门洛工作时间更长，而只是因为他们之前可能从未像现在这样富有成效地工作过 8 个小时。

非正式的研究显示，程序员通常一天仅会工作 4 个小时，其余时间都消耗在会议、工作流中断以及计算机本身的干扰上。随着互联网和智能手机的相继出现，这种情况正在不断恶化。我们的进步和专注也让那些不习惯的人感到吃惊。我们的团队在工作时，心无旁骛，他们是真正在工作。新员工要在 2 ~ 3 周之后，才能习惯这种强度。在一天的工作中，要以这样一种高效的状态工作是需要训练的。

我们真的负担得起这种学习吗

当我告诉潜在客户我们的团队做他们的项目时也需要学习新知识时，他们经常会变得犹豫。他们不想付钱让我们去学习。当然，我会尽量打消他们的疑虑，说明我的团队已经掌握了大部分将要用到的知识。但是，许多人仍然坚持只能由行家来做他们的项目。他们希望我们安排的人对他们的行业有很深的了解，或者对他们选择的技术拥有至少 3 年经验。

如果这种传统的思维持续下去，这种客户就不是我们追求的客户。我们认为，一味地依靠精深的专业知识会扼杀创新。为完成客户的项目我们也许需要学习一种新的编程语言或软件工具，我们创建企业就是为了处理好这个问题。**当学习机会出现的时候，我们不会错过它。**我们会去买本书，一边看书学习，一边工作。

我们有一位客户是一家地方书商，让他感到吃惊的是，我们的团队在几星期内就对他的业务有了完整的了解，我们的认识比这家有着数十年历史的公司中任何一个员工的都更深刻。我们拥有一种强烈的好奇心，这种好奇心能让我们看到容易被行家们忽略的东西。我们最严肃的学习就体现在这个中间。我们已经深入了解过许多专业技术的流程和协议，包括器官移植手术、柴油发动机诊断、针对癌症和艾滋病研究的流式细胞术、图书出版、火车变速器测试等。向他人学习的好奇心和开放精神帮助我们快速熟悉客户的领域，我们的认识通常比大多数人所能想象到的更深入。**学会如何快速学习，作为一个团队，这就是我们公司闪光的地方。**

拆除“知识高塔”

早在 1997 年我刚晋升为接口系统公司的研发副总裁时，我第一次正式参加了董事会，并被隆重地推选为董事会成员。会议间隙，一位董事会的老成员扶住我的双肩，直视着我的眼睛说：“欢迎加入董事会，里奇。‘戴夫’怎么样了？”

“戴夫”是指我手下的“知识高塔”，他拥有团队中其他人所没有的广博的技术知识。“戴夫”并不是他的真名。这位董事会成员知道他的名字，但这向我传递了一个明确的信息：让“戴夫”高兴。这家公司的价值和我的工作全靠他了。对于这家在 1999 年市值就超过 4 亿美元的公司来说，他是关键。这样，每次“戴夫”休假两周时，我常常会失眠也就不足为奇了。

如果你认为“知识高塔”会享受这种众人瞩目的感觉，那就错了。也许，一开始你感觉这是工作保障，但最终它会成为你的“戴夫”无法挣脱的牢笼——他成了整个公司的瓶颈。由于“戴夫”始终在当前项目中发挥着关键作用，随时需要应对顾客的紧急呼叫，所以他不可能安排假期。当“戴夫”真的去休假时，他要随身带着自己的笔记本电脑。他离开的时候，会产生工作堆积；即便是低级别的紧急情况也要等他回来处理。

如果有一天，“戴夫”开始渴望新挑战和新机会，希望学些激动人心的新东西，又该怎么办呢？他只会觉得美差都被派给新人了。为什么“戴夫”非常擅长某方面，公司却要让他负责一个他不太熟悉的项目呢？本来让他感觉舒坦的高塔身份开始像生锈的捕熊器夹住他的脚踝，将他束缚在办公桌上一样。可悲的是，由于我们这个行业雇用员工的方式，他甚至不能就此辞职逃走。他的履历上将只能看到具有某一块的知识，也许所有公司都需要“戴夫”的知识，那么他也将在新工作中止步于相同的领域。当然，一直到这个行业不再需要他的知识为止。可怜的“戴夫”，我希望他有足够的养老金。

在发表讲话时，我经常问听众，他们的公司是否也有“知识高塔”。通常在场的大多数人会举起手来。然后，我让他们说出他们的“知识高塔”的名字。接着，他们紧张地慢慢说出了这些名字。他们都知道自己公司的“知识高塔”是哪些人，如果不知道，也许就是他们自己。

我接着问他们的“知识高塔”是否会买彩票。通常，随之而来的是轻轻的笑声。很显然，虽然高度依赖自己的“知识高塔”，但是他们清楚地知道自己不能保证“知识高塔”能够始终在自己的公司工作。

我问了那些和我一对一会面的高管们这些相同的问题。如果他们的“戴夫”，那个掌握了他们的优质客户关系信息的人下周买彩票中了 1 000 万美元，会怎么样呢？他第二天还会来上班吗？大多数管理人员确信“戴夫”喜欢在他们的公司工作，所以这不成问题。他们坚信 1 000 万美元不会让“戴夫”离开他的工作岗位。

一次，我和一家健康保险公司的一位高管会谈，得以和他们公司同来的一位“戴夫”交谈。我问他，如果他中了彩票会怎么做。他告诉我第二天会来公司……收拾他的个人物品，和朋友告别，再郑重地把手机丢到垃圾桶里。“戴夫”的上司听到后只是有点儿震惊，但是“戴夫”并不害怕在上司面前跟我说这种不忠诚的话。毕竟，他不可能被解雇，因为他太重要了。

这种“知识高塔”式的团队组建方式在许多行业都普遍存在，并广为人们所接受，以致管理层都拒绝承认存在将所有知识“鸡蛋”放在一个人才“篮子”里的风险。这和让一位银行经理单独持有金库密码一样愚蠢，甚至情况更糟。至少，银行金库可以被钻开，里面的东西也可以被追回。但是，如果你的“知识高塔”离开的话，他会带走太多的无法再生或无法再拿回来的东西。通常，在某位“知识高塔”聘期的最后两周，公司都会孤注一掷地试图去转移数十年积累下来的知识。

想象一下，一家航空公司的所有飞机型号都不同，每位飞行员都掌握着独特的驾驶技术。也许，其中有一架老式的 DC–3 型客机、一架直升机、一架滑翔机，还有一架波音 747。如果你失去了一位飞行员，那也许就意味着有一架飞机将被永远搁置。这话说来似乎好笑或让人觉得陈腐，但是许多行业就是冒着这种风险，特别是那些基于个人知识和个人经验创造知识资产或建立复杂实务的行业。

有些公司采取极端做法保护和优待他们的“知识高塔”，这些做法让人难以置信。有一家公司就存在这样严重的问题，他们将任务关键系统的部分软件代码作为核心机密，只让他们的“戴夫”知道。后来，“戴夫”离开那家公司，换了工作，但是团队其他成员按照指示永远不得更改“戴夫”的代码。因为没有人能理解“戴夫”的代码，如果有人破坏了它，那就没人能搞清楚该如何修复了。

几年之后，我遇到了该公司的一位高管，我问他现在怎么样了。他们后来有没有允许员工去接触“戴夫”的代码？他们是否还是不让现在的员工去碰这个禁区？他高兴地告诉我，问题已经解决了，“戴夫”又回到了公司。他们交上了好运，但是，你不能幻想你的“戴夫”还会回来。

在结对工作的环境中，定期调换结对伙伴，这种知识壁垒就完全没有可能。结对天生就能消除知识壁垒。我们每周都会调整结对伙伴，是因为这样做能拆除“知识高塔”。在我们的团队中，没有谁是唯一理解系统某个部分或特定算法的微妙之处的。

这给我们的团队成员带来的好处是显而易见的。12 年来，我们对所有请假申请一概批准。没有“知识高塔”，我们的团队承受着“把工作做好”的压力，而不是“没我不行”的压力。

既是学生，又是老师

在门洛，我们不能容忍“知识高塔”或孤独天才的存在，但是这并不意味着这里的人们可以逃避，可以对自己的本职工作敷衍了事。那么，是否有人可以隐藏在中间始终当学生，每星期都由同伴带着，而不必学有所得呢？不！在门洛，掉队的人很快会被大家发现，因为我们每星期都会调换结对伙伴。我们不妨称掉队者为“丹尼”。如果“丹尼”不能将上一星期所学的一个系统教给他下一星期的新伙伴，这一点很快就会显现出来。就好像某位团队成员每天都跳上两人雪橇，看着他的结对伙伴说：“拉我一把。”这种日子并不会长久，特别是下文中将介绍聘用、解雇以及晋升的决策都是由同伴主导的。好的结对伙伴必须既能当老师，也能当学生。

给予你的伙伴学习的自由，它的一个隐藏好处是，最终他们会同意花时间来教你。知识不会像小王国的珍宝一样，收藏在秘密的个人宝库里。你的团队成员学到新的工作方式后，就会变得更有价值；他们也会变得更加灵活。有人总结说这削弱了每个团队成员的独特价值，将每个人变成了我们这个小软件工厂机器中的一个齿轮。通常，团队马上会接着说由于我们的每位团队成员都精通非常多的技术和领域，所以每位成员的价值非常惊人。这种现象只在你真正认为你的团队成员都同样有价值，同样能够学习和掌握特定知识的情况下才会发生。

结对是我们这个学习型组织的基本元素，它结对能让学习产生出一种快乐。这种感觉对于我们大多数人来说已经有许多年没有体会过了，也许可以追溯到小学之前，当时一切都是新的，我们唯一要做的就是吸取知识。

每周一次午餐学习

在结对模式中，我们既是老师也是学生，另外门洛也提供两人团队之外的学习机会。至少，我们每周会举行一次有组织的午餐学习。这个传统由来已久，最早可以追溯到我们在接口系统公司 Java 工厂的那个时候。那时，我们就发现在结对小组中学习重要内容的速度相当快，但是知识传递到团队中其他人的速度就很慢。为了推动团队学习，我们引进了午餐学习，通常是在中午时占用工厂的一个角落开展更深入的课程。我们把桌子、椅子、挂图和活动白板重新布置，环绕在当天授课的老师的周围。午餐学习通常处理的是与我们正在做的客户工作相关的一个主题。这可能涉及一个技术主题，如安卓开发；也可能涉及团队训练，如头脑风暴。

门洛人教授知识的同时，也会学习如何在人群前展示自己以及如何以一种引人入胜的方式组织材料。我们希望团队成员成为优秀的演讲者和老师，能够在会议中（代表门洛）发言。我们的午餐学习为他们提供了在众人面前建立自信以展示自己的机会，听他们试讲的听众可靠、体贴。

门洛人也会定期主动提出就他们特别感兴趣的主题进行午餐学习。虽然谈及的话题往往与我们业务的某些方面相关，但其实我们的兴趣还是很广泛的。如果团队中有人读了一本优秀的商业书籍，而他认为其他人可以从中学到东西,那么他会安排一次午餐学习教授我们知识。最近的一次介绍的是《重来》(*Rework*)。如果有团队人员外出参加会议，他们回来后会和我们分享经验。例如，卡罗·M 参加完一次会议后，教我们如何使用一种叫思维导图的技术，能将项目的总体情况用可视化方式强有力地呈现出来。午餐学习公告粘贴在办公室的冰箱上，公告上列出了一个月的内容，可包括各种各样的主题，如即兴表演、设计工具、讲故事、跟踪工作流、谈判和对抗以及绘制草图。

我们的内容并不都来自团队本身。由许多是来自社区里有趣的专家，比如密歇根大学的教授，愿意和我们分享他们的知识和经验。一位令我们难忘的午餐学习演讲者是吉姆·巴吉安（Jim Bagian）博士。他不仅是博士、教授、工程师、业务流程专家，还是宇航员。他曾执行航天任务，飞行了 337 个小时。他跟我们说了航天任务中的故事，我们的团队都为之着迷。他教我们要勇于冒险，还教我们在他对快乐的追求中如何掌控自己的恐惧。门洛人虽然不像吉姆身为航天飞机领航员那样，需要在工作中冒着失去生命的风险，但是他为伟大事业做出贡献的美好愿望让我们对使命、目标和牺牲有了更深刻的理解。

此外，我们的午餐学习也成了社区事务。如果公司外部有人想要来参加我们将要举行一次有趣的午餐学习，我们就会邀请他。我们和一家名叫 TechArb 的密歇根大学学生创业孵化机构分享一面玻璃墙，这儿的学生知道如果他们觉得有需要，可以随时自由地和我们交换意见。如果有哪次午餐学习是关于技术主题的，如苹果手机应用的单元测试，且我们恰好知道一些学生团队正在从事苹果手机应用的研究，我们就一定会邀请他们。这是一种不错的扩展群众基础的方式，让人们了解我们，知道我们的故事。你永远无法知道他们可能会带来什么价值。

把你的文化教给世界

除了午餐学习，我们也主张提供关于自己流程和文化的正式公开课。在门洛，最初只有我和詹姆斯（以及我们之前的合伙人汤姆）进行授课。现在，我和詹姆斯已经几乎不做任何教学工作了。这些工作由签约的团队成员来做，他们负责创建课程，并将它们提供给注册学习付费课程的客户。参加这些课程的学生来自世界各地的企业和组织，包括奈特基金会（Knight Foundation）、Bose 公司、通用汽车、美敦力公司（Medtronic）等。

门洛人会定期将流程的所有元素教授给任何愿意学习的人，包括我们的竞争对手。我们的流程没有哪个部分是商业机密。我们非常重视自己的使命，那就是“消除能用技术手段解决的人类苦难”。这并不意味着我们只想着消除自己的痛苦，也不是说我们认为只有门洛设计的技术能够减轻人类的痛苦，而是希望每个人都拥有更好的、更有意义的工作与生活。

我们提供的常规课程包括“门洛方式”的概述、高科技人类学家的设计方法、项目管理技巧，以及针对细分对象的软件开发方法（如自动单元测试）。我们也教授独特的头脑风暴方式，通常是帮助学员集体讨论他们企业的一个实际的方面。一些客户有定制需求，所以我们基于其需求选择恰当的内容为他们开设私人课程。教学收入一项占到我们年度收入的 5%～10% 是司空见惯的事情。虽然它不是我们商业模式的中心，但是我们使命的核心。

成为一个活跃的学习型组织，能增强团队的实力，让我们的团队对门洛和顾客更有价值。门洛文化的一个要素是：保持并增强我们与公司内外其他人分享信息的能力。为了加强门洛的文化建设，和其他任何团队一样，我们也有惯例和文化产物。

最有效的干法
JOY, INC.

1. 合作式的即时学习是获得竞争优势的基础。
2. 结对伙伴可以互相传授自己独特的经验和知识。
3. 保持向他人学习的好奇和开放精神，学会快速学习。
4. 定期调换结对伙伴，拆除“知识高塔”，消除知识壁垒。
5. 给予你的同伴学习的自由，最终他们会同意花时间来教你。
6. 每周，举行一次有组织的午餐学习。
7. 定期将经验教授给任何愿意学习的人，包括竞争对手。

How We Built a Workplace
People Love

Joy, Inc.

How We Built a Workplace People Love

Conversations, Rituals, and Artifacts

03 沟通，极度公平与坦诚

21 世纪最激动人心的突破并非源于技术，而是源于对生而为人更深刻的理解。

——约翰·奈斯比特：《大趋势》(*Megatrends*)

在门洛之前的早期职业生涯中，我曾经模仿了很多管理上的导师。当时，我会在每星期一早上 9 点举行例行的进度汇报会议。我的团队会提前准备工作进度报告，他们认为我会在周末拿出很大一部分时间查看他们递交的材料（但我很少这样做）。开会时，我们围坐在会议室的一张桌子旁边，探讨每一个人提出的重点。随之，所有常见的问题都出现了：你上一星期完成了哪些工作？你的进度是提前了还是落后了？你计划如何让赶上落后的进度？

这种会话没有多少成效。我确信没有人愿意参加。当同事们报告情况时，大多数团队成员都沉默不语。对于参加会议的每一个人来说，唯一的亮点就是看看是否有人比自己的进度更落后，这样他就能心安理得地认为真正需要着急的是另外一个人。如果有人比自己的进度还慢，那么这个周末就不用“毁”在加班上了。

一个星期一早，我被一些意外出现的重要家庭事务耽误了，没能告诉团队成员我会晚些过去。当我去上班时，我问他们是否开了会。他们说：“嗯，算是吧。”原来，当天早上 9 点，团队成员就准时在会议室集合里，发现我没来，就边等我边开始聊周末的事情。到了 9 点 25 分时，他们意识到我不会来了。10 分钟之后，他们终于决定回去工作。团队员工等了 35 分钟，却没有开始那次会议。

这揭示了一个重要的事实：这样的会议是不必要的。如果你安排和团队召开一次会议，他们的表现和上文描述的一样，那么你就应该取消这次会议。我以前的团队非常明确地表示了这种会议对他们没有意义。他们之所以参加会议，只是因为服从上司的指示。

在门洛，我们将没有成效、缺乏快乐的会议从流程中剔除了。**我们废除了规则、官僚制度和等级制度，用可预见的惯例、仪式和讲故事活动取而代之。**这些新元素都有一个清晰的结构，对每一位参会者也都有明确的期望。每个人都知道这些会议的目的、自己的责任以及制定和记录决策的确切流程。

典型的公司官僚机构为限制信息的流通和决策的权力会实施各种规定。它会建立起人们无法逾越的分界线。大多数公司禁止员工参与上述事项，于是员工就只能照做。虽然仍然有一些强有力的规则用来规范我们的惯例、讲故事活动和文化产物，但由于我们具有相同的价值观，所以这些规则是可以接受且值得遵守的。我们的规则对我们文化的活力有益，而不是有害。

每日站会

取消了缺少成效的每周进度汇报会议后，我们形成了每日站会的惯例。我们每日站会的时间定在早上 10 点，每天都照开不误——不管谁在办公室里，无论我和詹姆斯在不在。即使人数多达五六十人，但差不多每次会议花费的时间都不超过 13 分钟。

每天早上 10 点，圆靶警报器就会响起，通知大家召开站会。每一个人听到响声后便站起来，聚拢成一圈，向大家报告情况。有人拿来一个维京海盗的头盔作为传递物。由拿到头盔的两位结对伙伴介绍他们正在做的工作和可能需要大家帮忙的地方。这个头盔依次传递下去，最终转完一圈，最后一对伙伴以一句“大家小心”作结。每天的站会就这样结束了。

一个价值 7 美元的塑料维京海盗头盔成了门洛的标志性符号。我们本着“乐得其所”的精神工作，之所以使用这个道具，是因为结对伙伴各抓住头盔上的一个角，他们就能轻松地报告情况。这个头盔既担负着为我们的站会构建秩序和结构的重大使命，又让我们保持了一定程度的狂放不羁。是的，每隔一段时间就有人戴上这个头盔。有一次，我戴上它出现在了有关门洛的报道中。

整个团队围成一个圈开站会

惯例应该提升文化价值。我们的站会发扬了民主和兼容并包的精神，每个人都有平等发声的权利，没有谁是主持人。它的目的就是要对每一个人有价值，而不仅限于管理层。团队成员可以根据自己的情况自行决定说多说少。当轮到你时，对于你说什么并没有要求。每一天，都有人比其他人说的多。不过，其中似乎也有一条不需别人提醒的礼貌性原则：不要说太长时间。

创造随意性会话空间

在公司内部交流时，我们都不使用电子邮件或其他形式的通信工具。因为许许多多传统的办公室职员往往会花费数小时来查看邮箱，却收效甚微。于是，我们开发了一种效率高得多的通信方法，我们称之为高速传声技术。

这种技术的硬件我们先天就有：声带、肢体语言、音调变化、眉毛和面部表情。同样地，接受者有鼓膜和设计完美的大脑听觉神经刺激。

为了向访客们展示这项革命性的通信技术，我挑选了我们的一位项目经理埃米莉作为搭档，我叫她："嗨，埃米莉。"

她立即回应："嗨，里奇。"同时，在房间的另一头和我进行眼神接触。通过这次简单的交流，我向访客展示了如何将高速传声技术用于会谈。接着，我真诚地感谢了埃米莉，结束了会谈。

在这次会谈中，没有人移动位置，也没有人被打扰。坦率地说，甚至没有人听到。大脑是一个神奇的过滤器。特别是，大脑的网状激活系统非常擅长让我们忽略我们无须参与的对话。童年时期，我始终为父亲能够坐在客厅里他最爱的椅子上，埋头看报纸，而不受我们谈话的打扰感到惊讶。直到我的一个哥哥提到将要和朋友去托莱多自驾游，他才放下报纸，说："你要去哪里？为什么去？"他真的一直都在听我们说话吗？绝对不可能。正如旧日西蒙和加芬克尔（Simon & Garfunkel）的歌里所唱的："一个人听到他想听的，其他的都当作耳旁风。"那是你的网状激素在发挥作用。

尽管我和埃米莉的这次会面非常简单，甚至带点儿滑稽，但是它和大多数公司费尽辛苦安排会谈时间形成了鲜明对比。从“精益生产”方面来说，这就是消除烦琐程序所造成的浪费的范例。我先叫她，然后她加入进来，接着我们交流。前后用了不到 7 秒钟，马上又各自回到了工作中。不需要预订会议室，不需要查看日历，不需要无休止地在邮件中沟通双方都认可的时间。实际上，会谈根本无须走动，而只需稍微扭一下脖子和眼睛调整一下聚焦位置。

在一种懂得噪声的效用的文化中，召集整个公司开会和召集一对一的会议一样简单。我只要大喊：“嗨，各位同仁！”

然后，整个团队会近乎异口同声地回应：“嗨，里奇！”片刻之间，整个工作场所就会安静下来。和我的团队开一次全体会议就是这么简单。我们用几分钟完成讨论，然后我感谢他们参会，接着每个人又回到各自的工作中去。例如，我们会使用这个系统来宣布好消息。当我签下了一笔新生意，我通常会喊：“嗨，各位同仁！”整个团队为之高兴，也许还会问上一两个问题，然后又回到工作中。一天之中，你会听到各种版本的这种临时会议。例如，还会有人轻声地喊：“嗨，詹姆斯。”或者有团队成员会喊：“嗨，大糖球！”以此引起从事大糖球项目的团队成员的注意。

不仅是噪声，更是持续不断的对话

结对为定期的系统性对话创造了显而易见的机会。结对伙伴必须学会在嘈杂的环境中思考以及如何成为一位积极的听众，因为在门洛，交谈从早到晚不会间断。

交谈在我们结对工作的环境中是必需品，我们的工作区域充斥着“噪声”。噪声为整个工作区域活跃了气氛，为两人结对小组之间开启新的对话创造了机会。相较而言，安静的工作环境趋向于自我强化。礼节告诉我们不应在安静的环境中打扰他人，标准的小隔间只会放大内倾性带来的典型社交缺陷，而不是发挥它的长处。

大多数来访者理所当然地认为门洛和结对工作方式只适合性格外向的人。虽然我不是人格气质方面的专家，但是我们团队中大多数成员被问及时，都认定自己是内向的人。由于以下几个原因，这一点对我有着重要的意义：

- 内向性格支持解决复杂问题所需的深度思考。
- 内向的人更喜欢发展较少的、深入的人际关系。
- 内向的人往往是更好的积极的倾听者。

持续不断地相互交谈塑造了我们的环境，它不仅推动着我们高效工作，而且有助于我们做出明确的决策。

对话建立关系，关系创造价值

当问题出现时，对话有助于解决它们。当我们把对话融入例会中时，我们的团队就真正开始运作了。

一个极好的例子来自金爵曼客栈（Zingerman's Roadhouse），它是位于安阿伯市西边的一个餐馆。金爵曼因为它的食品、服务和文化而出名。这个餐馆内部每星期会有一次商谈，从服务员到管理人员所有人都会参加，商谈持续一小时，他们会一起探讨经营餐馆的事务。在一次会议上，他们讨论了出售的商品成本太高的问题。洗碗工指出每天要倒掉大量的薯条。他处在独特的位置上，看到了企业浪费的薯条——毕竟，谁能够比洗碗工更清楚被浪费的东西呢？

通过开启对话，金爵曼客栈团队提出了很好的解决方案，这个方案符合他们的富足心态。他们将每份薯条分量减半，由此减少成本，同时可以免费续加，因此也没有影响到顾客的利益。顾客表示欢迎，而且大多数人从未要求续加。浪费随之大幅减少。

通过持续的对话，我和詹姆斯看到了在我们团队中建立深层关系，真正拥抱改变，以及实实在在地完成有意义的事情的希望。我们想要通过对话一起解决难题，想要将对话方向指向问题而不是讨论问题的人。

对话在我们建立关系的过程中十分关键，它能让我们感到大家是在朝着同一个目标一起工作的统一战线上的人。我不禁回忆起，有一段时间，我们的自动单元测试框架（我们的质量控制惯例的一个关键部分）每次花费的时间都远远超过 30 分钟，这是为我们最大的客户项目运行的测试。我们的程序员不禁为它降低了我们的效率而哀叹，因为运行这些测试会让某些进程停止，直到测试完成方可恢复。客户希望我们把所有的时间都花在功能开发上，不要费工夫去优化一个不会和产品一起交付的测试工具。

我请团队成员估计出，每周因为这个缓慢的单元测试过程而损失的功能开发的时间。知道了这一信息，客户就能够理解性能问题对他们最重视的功能开发的影响。如果我们把情况反映给客户，让他能够评价各项工作的优先级别，就能轻易邀请他们参与到对话中。笔者撰写本书之时，运行 26 000 多个单元测试的用时已经缩减到不超过 10 分钟了。我们推动了客户和技术团队之间的有意义的对话后，才获得了这个富有成效的结果。

如果你能够让业务的双方（比如你的业务和生产团队，或开发人员和客户）定期开展有益的对话，让他们产生伙伴关系，你就能避免各方利益的恶性冲突。

三点钟散步

几年之前，我们的团队认为，从午餐之后直到一天工作结束而没有休息，让人觉得疲惫不堪。于是，他们发明了“三点钟散步”，现在这已经成为一项传统。到了三点钟，杰夫·J就会以深沉浑厚的声音大喊，“散步！”这让他获得了“高速传声技术副总裁”这个好玩的头衔。如果杰夫那天不在，娇小的丽莎就会出色地模仿他。

然后，团队成员都会站起来，如果需要就穿上外套，他们围绕着公司所在的建筑周围散步，做做伸展放松一下。我之前认为这是他们摆脱工作、聊点儿其他感兴趣的事情的机会。虽然这种情况可能有，但是有一天我跟着他们去，我看到他们仍和结对伙伴在一起，谈论着他们正在做的工作的故事卡。这就是另一个随意却具有建设性和有帮助的谈话。

让每个人都有演讲机会

在各个行业中，最有价值的一项资产就是和其他人交流复杂思想的能力。但是，当我们需要真正在一群陌生人面前演讲时，我们又练习过这项技能几次呢？因此，大多数人对于公开演讲怕得要死也就不足为奇了。

我们的惯例确保所有团队成员或早或晚都有在人群面前演讲的机会。每次总由相同的人或始终选择经验最丰富的最完美的演讲者自然是省事，但是让每一个人都有机会练习更有意义。门洛人在每周的启动会上相互演讲，或在每周的展示说明会上向顾客演讲；他们在小型会议上就他们感兴趣的主题演讲；他们还带领访客参观我们的工厂。我们甚至常常举办演讲赛的分会。

我们的惯例也鼓励有益的辩论。当创造新事物时，前面并没有明确的通向理想结果的路。每个人都会对潜在解决方案有不同的想法。激烈的团队辩论和有礼貌的争论能产生更好的结果。我们时常练习这种辩论。每一个结对小组都会有关于采用哪种方法的小辩论。有时，一次辩论会逐步升级（以可控制的方式），发展成更多结对小组参与的讨论会。大多数企业在使用其他方式交流时（通常是电子邮件）也会陷入辩论中。最坏的情况是，这些电子邮件演变成消极攻击的对话，而实际并没有开展辩论。在这样一种环境下研发出来的软件往往根本不能用，因为团队中的各个派系永远也不能就大局达成一致，虽然每个派系都在干活，但劲不往一处使。快乐文化的一个关键元素是让团队成员彼此达到足够的信任，可以开展争论。

自己定任务

企业需要预测未来。我们下一季度将会有多少收入？我们将会销售多少辆汽车？到二月，我们会完成多少笔交易？修建这座桥要多长时间、多少钱？这些活动都围绕着估算展开，也就是“使用有限的信息做出最好的预测”的另一种说法。

通常，估计是管理层的一项工作。一个团队开始评估一个项目之后，管理层给出指示：团队多长时间必须完成一项任务，这项任务可以花费多少成本，或者下一季度必须销售多少。也许，这个过程中会出现一些询问团队的看法的表面文章，但是团队所做的估计多半会被视为无用功。

在门洛，所有估计都由实际执行工作的团队做出。我们的估计惯例是在团体环境下开展的一场开诚布公的讨论，每星期一次。项目经理负责准备必要的信息和安排项目团队讨论。当周指派给该项目的每个结对小组都会收到一包影印故事卡和一个估计表格，表格将项目分解成以小时为单位的时间段。项目经理每读出一张卡片，每个小组就展开组内讨论，并在表格上圈出一个估计的选项。所有表格上的选项都包括 2 小时、4 小时、8 小时、16 小时、

32 小时以及 64 小时。

估计的目的是寻求一个好的预估结果。如果开展讨论的时候，有结对小组认为另一个两人小组可能有更好的想法，他们可以使用高速传声技术，自由地询问他们。由于做估计的所有人都围坐在一张桌子周围，所以他们可以听到所有的问题和回答。

当团队仔细检查下个星期可能要做的工作时，估计会成为我们最重要的一种对话。最后，项目经理会收到每一个结对小组的估计表格。每张故事卡都将有多个估计选项。**我们的目标并不是让所有人就一个估计达成一致，因为我们接受不同小组出于不同理由选择不同选项。**经验、技能、熟悉度都能够影响到估计。但是在这个过程中，整个团队有机会把握整体情况，而不仅仅是领取将会分派给单个成员的任务。

我们的质量倡导者也是估计惯例的一部分。这一点为什么重要呢？通常，在开发过程完结之后，才会引入质量控制团队，因此他们对产品存在缺陷的地方知之甚少。一些人认为这可以让他们不抱有偏见，但是实际上质量控制团队需要在开发人员正在开发代码时，听取他们对代码的顾虑。通过把质量控制团队纳入到估计惯例中，他们就能听到开发人员对某段特定代码的描述，而这段代码为了要与故事卡上的任务相适配，可能很难改变。质量团队可以问一些问题，这些问题将为下星期的测试策略提供信息。如果有成员对估计阶段的故事卡感到困惑，他们也可以问一些简单的问题，如："质量控制团队将如何判断某张卡上的任务是否已完成呢？"如果答案引发更深的困惑，该卡片就会在工作开始之前重新编写。

每一个企业都必须基于不完整的信息预测未来。通过群策群力、相互探讨，我们的估计过程能够创造安全，也能减少我们对未知的恐惧。这个惯例也让我们获得了按照规模为新项目分类的能力。因为我们每周都练习估计这种能力，所以我们团队很少为投入新的领域而感到困扰。

多开展示说明会

任何由团队完成的工作都有一个发起人。这个发起人不直接参与工作，而是批准这项工作，并且大多数情况下为此付钱。

例如，你家里有一个房间需要粉刷，你也许会选择请一位粉刷匠。在这种情况中，你是发起人，粉刷匠是执行者。即使你决定亲自动手，发起人也有可能是其他人。如果我粉刷女儿的卧室，我妻子通常是发起人，女儿则是这间房的最终用户。

发起人心里知道这项工作将会获得什么样的结果。在上面的例子中，发起人能够在她的脑子里描绘出粉刷后房间的画面。但是，粉刷匠的心里也有一幅描绘结果的图。人们希望这两幅图能够匹配上，但有时它们是不相配的。语言描述的结果和涂料样品呈现的效果并不一致，这在看到粉刷后的房间就明白了。当妻子描述她想要的颜色时，我无法分辨米白和中国白之间的区别。

在门洛，我们和客户在每星期的展示说明会上一起解决这两幅存在冲突的心理画面。在展示说明会上，上一周从事这个项目的团队会坐着看客户向我们解释我们的工作。如果泰德和罗伯要为递交一本要印刷的书建立一个网站表单，书商派来的客户代表就会通过一起坐在计算机前面，打开网站进行查看，并将他们的发现反馈给泰德、罗伯和其他与这个项目相关的人等方式来复审工作。这就能清楚地知道双方对已经完成的工作的看法，也能弄清楚发起人和团队是否意见一致。我们将传统的展示说明过程反过来，确保顾客积极参与到对话中来，同时我们的团队在一旁观看，倾听他们的声音，并且就客户的问题给出反馈。

有一次更有趣的展示说明会，发生在我们为 Accuri 流式细胞仪做配套软件的工作刚开始的时候。Accuri 流式细胞仪是一台复杂的医学研究仪器，它能通过激光刺激细胞，并获取从细胞上弹开的激光散射光所包含的数据来检测细胞。我们最初的一项任务是创建一个带有三个按键（开、关以及退出）的应用程序。当用户用鼠标点击“开”，样机电路板上的一个绿色 LED 灯就会变亮。点击“关”就会把 LED 灯关掉，点击“退出”就会退出程序。

詹妮弗是 Accuri 公司的首席执行官，也是这个项目的发起人。她来参加了展示说明会。她和我们团队讨论了这个程序，并向我们展示了我们的工作。这个系统按照我们的计划工作：开、关、开、关，如此反复。的确，没什么大不了的，但詹妮弗看了之后却从座位上高兴地跳起来，并答应要在下次董事会上展示这个结果。我们的团队为这样一个简单的结果能引发如此激动的反应感到迷惑。

詹妮弗的欣喜似乎和这个任务的复杂度以及我们的努力不相称。但是，正像她所解释的那样，这个简单任务的完成展示了巨大的进步。詹妮弗说：“我做这种事情有很长时间了，你们刚刚向我证明了做这个项目才两星期，我的硬件团队和我的软件团队就已经在实际交流了。这是巨大的进步！大多数公司要到进入设备开发过程几个月或几年之后，才能确认有这种跨团队的合作。”

展示说明会是一种非常重要的交互：客户能够和实际做工作的人讨论项目；实际做工作的人也能听到和看到客户的情绪反应。有时，客户激动不已，有时只是哈欠连连，有时会感到失望或灰心。我们希望团队成员能完全看到和感觉到客户的情绪，而不是在之后由管理人员用自己的语言向他们描述。这一星期从事这个项目的团队的所有成员，能够看到他们所做的部分工作和其他人做的工作是如何整合在一起的。如果计划和实际结果之间有不合的地方，与这项工作直接相关的人就能当场公开讨论。

有时，客户会说："哦，你认为那就是我们的想法吗？"其他时候，我得到的评价是："哦，那就是我们要求的，但是现在我看到了，我发现它并不是我们需要的。"我们认为这两种结果都是好的，因为它们和我们创立公司的一个理念相符，那就是"及早犯错"。如果我们及早犯错，及早发现，那么就有机会予以改正，因为那时错误还小，还有足够的时间和预算做改变。

人际交流存在着诸多危险，包括误解、词不达意以及未声明假设。这些危险是大多数关系出现问题的根本原因。一方认为显而易见的东西，另一方甚至无法理解。对于我们来说，拆除误解这堵墙的唯一方法就是让参与者聚集在一起，让他们参与结构化的惯例，接触和参观正在开发中的技术。

项目规划周周做

大多数商业项目启动的方式不禁让人联想到轮船的开动：起锚之后，大家都等着，看波浪泛起，轮船任意漂移，渐渐离开岸边。在大多数启动中，我们都划定了预算，建立了时间框架并明确了团队规模和构成。接下来紧迫的问题就来了：你从哪里开始？计划是什么？参加这项工作的个体又将如何组织工作？

与开动轮船一样，启动项目对于大多数公司往往是一个挑战，但是启动之后，要让项目沿着正确的方向进行，其中的挑战甚至更大。大多数项目都不知不觉进入了一片模糊的海，发起人无法了解工作进展，团队难以保证每个人都知晓情况并参与进来。这种不断扩大的信息脱节会让轮船直接驶向满是岩石的浅滩，失去发起人的支持。一旦失去了发起人的支持，这个项目就会像破船一样沉没。

在门洛，我们使用每星期的规划策略和客户一起把握项目的方向。项目经理通过使用“规划折纸”技术（详见第6章），带领客户将折叠的故事卡片放在规划表格上，规划表格描述了时间和预算。折叠故事卡片描述了功能和之前估计惯例中确定的时间估计，规划表格则描述了每星期可用的时间总长。

这个简单的练习有助于客户开展最重要的对话以及作出决策，从而保持项目沿着正常的轨道前进。一个典型的项目不是由某个单一人员掌控的。研发团队有一组优先议题，高级管理层也有一组优先议题，营销、销售和客户支持也同样有。所有这些相互竞争的优先议题必须相互探讨，在集体讨论中得出最高级别的优先议题。

通过将故事卡放在与实际工作时间相对应的表格中来开展规划策略

在这种每周性的会谈中，项目管理的基本问题必须毫无疑义地得到解决。

投入什么，获得什么结果？先做什么？再做什么？哪些工作会纳入本周计划？哪些可以等？哪些不能等？实现这个功能是否有成本更为低廉的方案？是否遗漏了什么？我们真正需要这个吗？所有这些问题以及其他问题都会在项目发起人和项目经理之间得到讨论。通常，发起人会带来其他人，后者代表他们自己公司内部的不同声音。到规划完成时，优先议题也确定下来了。所有人都能看明白。放在规划表格上的折叠卡片就是授权要做的，不在表格上的就是不要做的。就是这么简单明了。

规划策略是一个以星期为周期的讨论，有时会很难推进，但是我们简单的规划惯例可以推动对话。没有哪个项目团队可以等得起完全信息。无论如何，我们还是需要作决策。**比起几个疲劳的项目经理深夜在一间空荡荡的办公室里独自空想，通过开展合作对话和惯例所作出的决策要更好。**

用公告板管理进程

一旦规划策略结束之后，项目经理就会将包含一星期任务的选定的故事卡分派给项目组下的两人结对小组。这个过程既不是通过口头来完成，也不是通过邮件来做，而是借助我们办公室里最重要的文化产物“工作授权公告板”公布。

甚至，临时来访的客人都很容易注意到这些公告，因为它们无处不在且井然有序。每一个项目都有独立的工作授权公告板，公告板就是 Homasote 品牌的墙壁上用图钉固定的故事卡排成的矩阵。项目的卡片矩阵的每一列都包含一个结对小组及其分配的未来五天的故事卡。每一行包含一星期的一天。结对小组人员的名字写在对应那一列顶部的称谓卡片上。

通过查看公告板，所有人都能清楚地了解到哪些团队成员在哪天负责哪个工程的哪项任务

门洛公告板最漂亮的地方是一清二楚，没有疑点。每一个结对小组都知道这一星期分配的任务以及下星期的工作计划。这是彻彻底底的专制。我知道，对于世界上最民主的公司之一，这也许是一个非常有趣的评价。但是，这正是我们的文化自由真正生效的地方。结对小组能够从事他们喜欢的工作，而不会有人走过来把手搭在他们的肩膀上，问："怎么样？干到哪了？"我们不需要这样的人。

每个结对小组的工作量都是合理的，都是基于他们自己的估计定下来的。结对小组都按照顺序来完成任务，从上到下，每次集中精力完成一张卡上的任务，直到工作陷入僵局或者完成。

不管是哪一种结果，结对小组都会继续下一张卡片的任务。如果他们提前完成了所有卡片，他们就会报名帮助另一个小组完成任务。如果所有人都提前完成，他们就可以继续完成"超前"卡片上的任务。这些卡片是堆叠起来的，固定在一张独立的索引卡下面，代表着规划期间客户选定的下一批优先议题。这让所有人始终都在完成发起人最高级别的优先议题。

千万不要认为这个体系只适用于软件团队。一些门洛员工也在冰箱上使用相同的体系来安排他们小孩的琐事。杰夫·施奥克斯是旧金山的一位专利代理人，他也使用这种公告板来组织团队的工作。你将在制造企业看到类似的体系，甚至是像丰田这样的大型企业。

实时汇报进度

如果你能够在任何时候，无论白天与黑夜，立即了解到项目的进度，而且是在无须召开任何会议甚至不与他人交谈的前提下，又会怎么样呢？听起来不可能，是吗？在门洛，完全可以。

经过 30 秒的说明之后，甚至是访客也能报告门洛某个项目的进度，说出哪个结对小组提前了，哪个小组落后了，以及相对于本周的计划该项目团队的整体绩效。观察者不必和负责工作的人员交流，就能够发现哪个结对小组比其他组在完成故事卡片上的任务时遇到了更多的困难。彩色的圆形贴纸说明了一切。

在门洛，每一张故事卡都有其自身的结构化生命周期。当结对小组开始做一张故事卡上的任务时，他们就将一张圆形的黄色贴纸贴在他们名字下方的那张卡片上，以此表示他们开始了结对工作。当该结对小组认为他们完成了这一项任务时，他们会叫来高科技人类学家进行快速检查，看看刚才完成的工作是否和卡片上的要求一致。

如果一切看上去没问题，该卡片就会被贴上橘黄色的圆形贴纸，表示“我们认为我们完成了”。橘黄色贴纸对于质量倡导者是一个信号，提示这张故事卡上的工作需要检查。这样，质量控制两人小组就会和负责这项工作的结对编程小组谈话，由这个四人团队通过一个小型的展示说明会评审完成的工作。如果质量控制检查完成且结果合格，那么这个团队就知道卡上的工作完成了，就可以继续向前推进。

负责卡上工作的团队和质量倡导小组之间的重要对话是一种有趣的合作。在这个过程中，可能出现分歧，甚至争论。但是，他们都知道真正的目标是为了在接下来的客户展示说明会中获得可能的最好结果。

以往，质量控制团队通常要在最初完成代码之后的几个月才开始检查程序员的工作。与此相比，门洛的质量倡导者和编程团队能和谐相处，他们和程序员享受着相同的工资待遇。他们要列席和参与上文中提到的所有会谈。如果他们在某张卡片上给出通过，这项工作就可以继续向前推进。

如果某张卡上的工作圆满完成，就会用绿色圆形贴纸覆盖在该卡片上原有的橘黄色圆形贴纸上。如果工作不能让人满意，就会使用红色圆形贴纸覆盖，还会附上一张绿色卡片钉在原有卡片后面的墙壁上，上面写明未能满足的质量控制标准。原来负责这项工作的结对小组也会尽早返回到这项工作中来，他们会用另一张黄色的圆形贴纸覆盖住红色贴纸，这意味着这个周期再度开始。

每天早上，我们都会把横跨公告板表面的一条长纱线向下移。如果我们完全按照设想的进度推进，我们就只会在纱线上方看到橘黄色和绿色的圆形贴纸，而不会有黄色的贴纸。如果黄色的贴纸出现，那么就可以识别出在本星期哪些人可能需要帮助。那些纱线下方贴上了橘黄色和绿色贴纸的结对小组很有可能会帮助其他落后的小组。

看得见的文化产物促进合作

我们将自己的流程和文化的标志物，都布置在所有人能看得见的地方。将它们以这种方式展示在墙上，就可以避免“眼不见，心不想”的弊病了。

如果我们在讨论某件重要的事情，墙上有一张醒目的图表（或白板或挂图）正好和我们的讨论相关，我们就可以站起来，指着图表中直观可视的标准展开讨论，对此所有当事人都会承认其正确性，也就不会有人需要苦苦挖掘自己对上个月会议的模糊记忆。对于程序员来说，它可能是一张描述数据库模式的图表。对于我们的设计人员，你也许会看到各种设计产物，包括思维导图、角色图和原型设计等。对于整个公司，我们发现没有人（包括我这个首席执行官）清楚地了解我们的整体财务状况，除非我们把收入、支出和利润展示在墙板上，让每一个人看到以及理解。

如果我们将重要信息作为电子文档保存在一个设置了密码的服务器中，那就没有人会去看它们。如果是打印在纸上，并按照目录编排成册，束之高阁，那么就只有最执着的团队成员才会将它拿下来看，并在团队会谈中用到。你自己检查一下：看看你的部门的活页夹中书页的上边到底积了多厚的灰尘。再进入你的文档管理系统，查看一下最后一次浏览文档的时间。我们戏谑地将这些传统的系统称为数据陵墓：文档进入之后，就再也不会出来了。

我们也使用门洛工作区墙壁最高的区域来张贴重要的文化标语。我们没有使用产业标准的励志海报，而用了手工制作的海报，以此来显示我们最重要的文化提示。我们的文化基石就是办公室里最大、张贴时间最久的海报“及早犯错”所代表的精神。

“及早犯错”的标语

讲好企业故事

所有文化，无论是古代文化还是现代文化，都有其自身的图腾、文化产物和惯例。但是，在讲故事的过程中无疑蕴含着一些神奇、积极的东西。它是我们的一项文化传统，我为门洛能发展出这样一项传统感到特别自豪。

几年前的一个晚上，团队成员准备去安阿伯市我们最喜欢的一个酒吧：老城区（Old Town），他们邀请我一块去。那是星期五，我们在那儿吃了点东西，之后又坐了几个小时，其间一直在谈论门洛和讲故事。到结束时，我为整个晚上都在谈论门洛向他们道歉。他们回答说："里奇，我们喜欢聊门洛。"为此，他们愿意放我一马（不过，最后我还是付了账）。

讲故事也是我学会的一种吸引参观者的方式。我喜欢把他们的参观之旅当作一次会谈，在这个过程中他们通过故事了解了我们的惯例和文化产物。随着时间的推移，我们赢得了一些定期回访的访客，他们常常带着新同事过来，一些人已经能够非常自在地充当导游了。这些定期回访的人中有许多也有他们最喜欢的门洛故事，因此他们建议导游再讲一遍。显然，他们通过最喜欢的故事发现了我们文化中最重要的部分。

你也许认为你的公司并不有趣，参观你的公司会很无聊。可是事实上无论你做什么，你的工作中总会有故事——有趣、好笑且能够引人入胜的故事。所以，**试着将讲故事融入企业文化中，成为企业文化的一部分。**如果你能够让全世界开始讲你公司的故事，就能够每时每刻都强化自己的使命，甚至是你不在办公室的时候。

最有效的干法

JOY, INC.

1. 将没有成效、缺乏快乐的会议从流程中剔除。
2. 每个人都有平等发声的权利。
3. 持续不断的相互交谈可以塑造环境，不仅能推动高效工作，而且有助于做出明确决策。
4. 为随意性会话创造空间。
5. 确保所有团队成员或早或晚都有在人群面前演讲的机会。
6. 项目的所有预估都由实际执行工作的团队做出。
7. 展示说明会是一种非常重要的交互。
8. 所有这些相互竞争的优先议题必须相互探讨，在集体讨论中得出最高级别的优先议题。
9. 每一个项目都有独立的工作授权公告板，让团队成员知道自己需要做什么。
10. 试着将讲故事融入企业文化当中，成为企业文化的一部分。

Joy, Inc.

How We Built a Workplace People Love

Intervewing, Hiring and Onboarding

04

创新招聘，知道谁才是你最想要的人

死亡是一种极大的解脱。这样，就不会再有采访了。

—— 凯瑟琳·赫本（Katharine Hepburn）

招聘过程是建立和培育快乐文化的关键节点。面试、招聘和培训新成员时，许多公司倾向于认为它们有机会选择和塑造公司想要的人才。但是，令人震惊的是，事情总是会完全偏离轨道。

在我看来，传统的面试过程始终都是相同的：两个人面对面坐着，然后向对方吹嘘两个小时。有点像下面这样。

“苏珊，你具有团队精神吗？”

“当然，里奇。我喜欢和大家在一起。”

“如果你是一周中的一天，你想成为哪一天？”

“星期一早上7点半。”

“我喜欢星期一早上。”

然后，我会不停地诉说这里会是一个多么好的工作场所。我会大肆粉饰我们所有的新项目，描述我们公司和苏珊是多么的契合。

在这次愉快的面试中，我们发现在所有事情上我和苏珊都达成了共识，例如我们团队合作的方法以及最喜欢的咖啡店等。之后，我会非常激动地邀请她入职，而她也会高兴地接受。我往往会忽略从其他团队成员那儿听到的对她的担忧，因为他们并不像我那样有机会去认识她。

通常，所有新工作最美好的日子是面试那天。在那个重要的日子里，我们都确信这是新生活的开始。但是从工作的第一天起，情况就开始急转直下。第一天，苏珊来上班，而我却没有为此做好准备。

苏珊？苏珊？哦，苏珊！是今天？真的吗？天啊，为什么人力资源部门没有给我打电话？我只能勉强回想起苏珊今天来报道，但我必须摆出一张笑脸去见我的新员工。

“欢迎你，苏珊！你来上班真让我们感到激动。呃，不好意思，人力资源部的文书工作出了点问题，那个，我们还没有为你的到来做好充分的准备。我是说，现在所有工作都在开展当中，情况有点乱。办公室、手机、计算机、电子邮箱以及名片什么的都没准备好。但是真高兴你来了。我们非常激动。欢迎你！”

接下来，我会带苏珊去休息室，让她在那儿待一会儿。我会告诉她：“这是一种认识大家的好办法。他们都喜欢长时间待在这儿。我会给你一些阅读材料，包括现有产品的说明书。不过，不要太当真；那些材料有点过时了。”

在我把苏珊带回休息室的途中，我会走进隔间和办公室，把她介绍给我的团队。我肯定他们都会疑惑：“这人到底是谁啊？里奇招聘的是谁？我希望不要让我放慢工作进度去教她。我的工作要到最后期限了，假期也要来了。”

回到休息室后，我要赶去解决另一个问题，但我决定让苏珊了解一些真实的情况：“还有一件事。你记得我们在你面试时讨论的那些项目吗？它们的预算还没有被批准。其中一些已经被取消了，还有一些被推迟了，因为我们的新产品发布已经远远落后了。我满以为到现在应该已经完工了，但是我们在质量测试上又遇到了几个重要的问题，而且我们的团队也不清楚是怎么回事，因为这些问题只出现在测试机上。这让我们所有人都抓狂了。你肯定理解这种状况。”

听完我的一席话后，苏珊有了一种不祥的感觉，在她到来的几分钟里，她开始怀疑自己接受我们的这份工作到底是不是正确的决定。这个地方和她刚刚离开的公司出奇地相似，而和面试时所听到的描述则有根本上的不同。向前东家递交辞呈时的那种信心现在已然离苏珊远去了。

之后，苏珊在食堂认识了测试团队。他们正在哀叹自己远远落后于测试计划。他们灵光一闪突然想到：如果苏珊参加测试工作，这会成为她了解产品的极好机会。苏珊是一位能干的程序员，她在测试中发现了一个问题，这引起了她的好奇，于是查看了相关的代码。毕竟，她本来感到非常无聊，而这让她觉得富有成效。突然，团队意识到苏珊是一位优秀的测试员。因为这个项目永远没有出头之日，所以现在她被困在故障修复团队里。至少，这里有很多活可以干。

大约干了6星期后，我无意中听到苏珊在休息室里的抱怨：这份工作和她在面试时听到的完全不同，坦白地说，以前的工作更好。

咚！失败！我还没能让苏珊进入最佳工作状态，反而先令她泄气了。而且，我竟然还好意思想：“为什么我不能找到合适的人才？”

当我把这个故事讲给门洛的客人听后，一些人将我拉到一边，问我和他们公司的谁聊过，因为我刚才所描述的恰恰就是他们面试、招聘和培训新员工的过程。我的女儿劳伦有一次问我苏珊的故事是不是真的。我告诉她的确是，因为这是所有人的招聘故事。新员工的最初几个星期往往就是一出无聊和困惑的恶作剧，是新人的必经之路。

如果你想打造充满干劲与激情的快乐公司，现有的筛选和面试过程有可能无法达到你的目的。这一点很重要。大多数公司在一种默认的文化中运转，这种文化依靠以下问题来界定："我们雇用了谁？""他们带着一种什么样的态度工作？""我们容许哪些行为？"在面试过程中，你应该明确地传达自己的文化理念，让所有应聘者都清楚地知道。这在招聘过程中的作用是，与你的文化理念不符的求职者就不愿意进入你的公司了。如果他们清晰地感觉到自己的个性、愿望与你的文化不相符，就不会接受它。你的面试过程的目的应该是：**找出一些聪明能干的人才，同时他们真心认可，而且希望发展壮大你的企业文化。**

超级明星不合适

我们的面试过程和我们的文化期望紧密联系在一起，所以在首次接触时就会教授我们的快乐文化。如果有人联系我们，表达出想要加入我们团队的愿望，我们所做的第一件事是邀请他们进行一次公开的参观。如果他们到这里来待几个小时，看见了我们采用的古怪的方法，感受到我们公开合作的工作环境，发现计算机和桌子都是共用的，在这之后仍然愿意来这里工作，我们就很可能找对人了。

人们往往会问我们："这不就意味着你可能错过一位需要私人办公室和安静环境的超级程序员吗？"没错。我们会失去招来这些孤独编程天才的机会。他们不适合待在门洛，这对双方都有利。**对于一个公司的定位，选择拒绝什么和选择接受什么同样重要。对独狼式的超级明星说"不"，是我们定义快乐文化的一个重要部分。**在我的职业生涯中，碰到的对自己的知识讳莫如深的公司精英比比皆是，他们不和任何人亲近，最终危害到整个团队的结果和斗志。

我们要建立的是一支团队，不是把一群单打独斗的英雄硬凑在一起就能

成的。在软件行业中，个人英雄创造伟业的时代早已不复存在。过去，两个人就可以用几个月的时间编写一个操作系统，想想 20 世纪 80 年代早期的比尔·盖茨和保罗·艾伦。另一方面，微软投入了 1 万人，花了近 5 年的时间才开发出了 Windows Vista 系统，成本投入近 100 亿美元——我们都知道结果是非常成功的。所以，个人英雄对于团队建设毫无用处。我们不想要这种人，我们也不需要他们，永远都是这样。因为他们不会带来快乐。

招聘人，而不是精美的简历

1998 年，也就是我在接口系统公司创立 Java 工厂的一年前，我参与了一次非常具有启迪性的招聘。"山姆"为应聘一个程序员的职位来参加面试。他是个绝佳的候选人。首先，我的团队中有成员推荐了他。（我们会给推荐人报酬——如果你想打造快乐文化，这就是我至今见识到的最差劲的人力资源策略之一。）其次，他的经验对于这个角色来说堪称完美：在所有最新的微软技术中浸淫了 6 年。最后，他就住在镇上，而且和当前的雇主不是很合得来。要把他招聘过来简直易如反掌。所以，我认为当天下午就能把他搞定。

面试的头几分钟印证了我对山姆的直觉。我喜欢这个家伙：他优雅、专业，充满激情，对我的团队显然是一个很好的补充。然而，在面试大约过了一半的时候，情况开始不对了。山姆的肢体语言彻底换了一副样子。他的微笑戛然而止，两手抱胸，身体向后靠坐在椅子上。他显得心不在焉，回答问题时也变得机械、敷衍。我心里想：他终究不会来这里工作了。到底怎么了？

我不能让事情这样继续下去。我停止了面试，非常诚恳地问山姆："发生了什么事？"

山姆说："如果我只是想继续做我正在做的事情，就会留在现在的公司了。我听说你们正在做很酷的 Java 新项目。我想学习新东西。"山姆的话证实了我的疑虑：在我们的面试进行到差不多一半的时候，招聘他的事就黄了。

这次对话给我敲响了警钟。**没有人进入一个工作领域后，会在他的整个职业生涯重复做相同的事。**但是，高管们却希望新团队成员立马开始工作，他们不会浪费钱和时间让某人去学习一项新技能。培训我团队中现有的成员已经很难了，我耗不起新员工学习一门他不会的语言所需要的时间和金钱。

我没有雇用山姆，但是我的确从那次面试中获得了一些更有价值的东西。那次交流让我对面试的方方面面产生了怀疑。**因为一个人所掌握的技能而雇用他是行不通的。我不再追寻人们知道什么，而是想更多地去关注我们的潜在雇员是什么样的人。**

苏珊和山姆的经历给我上了重要的一课，我不能再像从前一样面试、招聘和培训新员工了。但是，如果我不再关注招聘者的技能，也不赞同"两个人相互吹嘘两个小时"的面试，那么我该怎么办呢？

你的面试要和你的文化相匹配，你应该用和团队交流的方式来和潜在雇员交流。文化和团队就像是家庭和宗族，每个都有不同的传统和习惯。每个都对什么是恰当 / 不妥的行为有不同的看法。仅通过两个小时的面试，你根本不可能知道是否存在无法消除的差异。

在门洛，我们内部人员之间应紧密合作。因此，我们面试首先要问的就是："那些应该在幼儿园养成的好习惯你都还记得吗？"你是否有礼貌？是否能和别人打成一片？你是否愿意分享？在被我们称为"极限面试"的过程中，我们会多次提到良好的幼儿园习惯，因为它相当于我们和别人打成一片的快乐文化。这不是一个理论或修辞概念。鉴于我们整天都要结对工作，这一点至关重要。

传统面试流程中常提的问题，根本无法确定候选是否就是我们所要找的人。大多数简历都不会回顾幼儿园那么久远的历史，因此并不包含幼儿园的成绩单。我们需要用一种方式来测试克“兰施米特太太”1983 年教了你什么，看看你是否还记得最重要的一课。

简历中充满了模糊不清的头衔、工作经验、合规评级、大学学历以及光鲜的技能模块，这些都对非常重要的文化契合度毫无用处，所以我们不会太在意。传统简历展示的是一个人前雇主的雇用惯例和他对学历的录用标准。那些评价体系本质上就存在问题，我当然不希望它们来影响我公司的文化。

门洛更了解如何去发现你的性格特征。我们制定了一个特殊的面试过程，在这个过程中，无须问求职者任何问题——只有两个问题我们还是需要确认的，那就是你至少要年满 18 周岁，以及你享有在美国工作的权利。除此之外，我们的招聘过程和大多数人熟悉的招聘过程完全不同。

立刻邀请所有潜在的候选人

当我们希望招收新团队成员时，我们就会广撒网，立刻邀请所有潜在的候选人。我们的第一轮面试是海选，同时面试 30 ~ 50 人。这样，我们就无须花工夫去翻看成堆的简历，也无须通过我们在几张纸上看到的流行词给招聘者分类以制定初步决策。这个方法的一个好处是我们的面试过程可以收放自如；也不会因为人数增多而放慢速度。

这类极限面试通常根据需求，每年举行 2 ~ 3 次。在面试中，我们和求职者一样都非常激动，感到精力充沛。有多少面试能够做到这样呢？在面试开始之前，我们把桌子布置成很像极速约会的场景，这个时候我们就开始感到兴奋了。自愿参加这个过程的门洛人会帮忙准备各种练习材料。

等应聘者到来，他们既对我们的环境感到好奇，又因受到这种环境的影响而精神振奋。**在应聘者尚未为我们工作时，他们将先体验一次真正的信任构建课，这是我们的领导力训练及团队构建练习。**

海选一开始，我们会介绍自己的快乐使命，并解释目的性面试过程的重要性。面试之前，我们会把门洛的资料分发给应聘者，包括利·布坎南（Leigh Buchanan）于2011年7月在美国《公司》杂志（*Inc.*）上撰写的门洛的封面故事，以及一份描述详细的白皮书，让应聘者可以对我们的流程和文化做一点了解。

搞突然袭击或者隐瞒我们的工作内容没有意义。我们希望他们能够成功，公开与透明对此颇有帮助。团队中的一位老成员曾质疑我们对应聘者的文化公开。他认为，如果他们知道了我们的价值观，就可以在招聘过程中进行模仿。他问："如果他们假意合作，又该怎么办呢？"

詹姆斯·戈贝尔明确地回答了这个问题："难道他们可以每天8小时都假装吗？如果是这样，我没意见。"

第一轮：模拟工作

面试过程开始后，我们就告诉应聘者他们将要结对工作。我们会指派一位员工观察每对应聘者完成三项练习。多数人已经知道了我们的结对惯例，但是他们不一定会想到面试开始的几分钟就要迅速投入进来。

詹姆斯经常主持面试活动。他向应聘者介绍第一项20分钟的笔试。对于程序员来说，第一项练习通常是估计实现一个虚构项目故事卡上的软件将要花费的时间。许多人对我们在面试过程中不使用计算机或代码示例感到惊讶。**我们面试的目的就是展示团队合作，而不是验证专业技能。**詹姆斯告诉他们，第一项练习的目标是让你的伙伴看起来不错。如果你的伙伴陷入了麻烦，就去帮他。如果你掌握了伙伴不知道的知识，就与之分享。最终目标是让你的伙伴进入第二轮面试。在最初的这几分钟里，应聘者完全沉浸在我们文化价值观的洗礼中。应聘者想要确保自己进入第二轮面试，就要费尽心思去适应。

然后，我们会将应聘者进行随机配对。在接下来的 20 分钟里，结对的伙伴们会在一位门洛观察员的监督下做练习。所有人相互紧挨着坐着，他们低头看着自己的任务，你一言我一语地展开讨论，房间里开始变得嘈杂起来。哎呀！这看起来就像正常工作日的门洛！一些结对伙伴苦苦挣扎，他们竭力想要理解这一切，而其他人非常自然地融入了其中。

显然，人们迅速恢复到他们本来的风格，尽管这个过程对他们并没有好处。我们看到有人从配对伙伴手中抓过铅笔。其他一些人完全不顾他们的伙伴，转过身去，把全部注意力放在了观察员的身上。

这些练习都是在纸上完成的，不要求使用计算机，甚至不要求使用计算器。它们并不难，也不存在一个“正确”答案，只存在优秀的答案。一项练习是要求结对小组根据一个虚构项目的每项功能的价值和相对成本，决定哪些功能适合纳入预算中（模拟我们的规划策略）；另一项练习是为假想的用户创建纸笔屏幕设计（引入我们的高科技人类学家惯例）。

观察员始终都在观察每个人为解决问题所贡献的力量，他们分享、辩论、合作的情况，以及他们是否真正完成了工作。在这个过程中，观察员会自问：“我愿意和这个人结对工作一星期吗？当我陷入困境时，我会不会感觉到有人在帮我？我能给他们提供帮助吗？如果我为他们提供帮助，他们会听吗？我能从这个人身上学到东西吗？他们会不会帮助我成长？”

我们将应聘者结对分配三次，每次都给他们分配新的伙伴和观察员。每次结对练习耗时 20 分钟。结对练习是一个嘈杂的过程，一个深度探讨的过程，也是一个活力十足的过程。这，就是门洛。

在结对面试之后，我们会致辞总结，并留下几分钟时间供应聘者自由提问，然后我们会邀请之前没有参观过公司的人以后来参观。应聘者也可以给我发邮件，反馈给我他们的感觉。这一可选的后续工作的回报，就是我会寄去一本他们从我们推荐书单中选择的书。

让团队构建团队

应聘者离开之后，我们的观察员团队会聚集在一起，讨论他们看到的东西。记住：如果我面试了 30 个人，就会有 15 位观察员。我们逐个讨论每个应聘者，每个大概用时 5 分钟。讨论的中心问题是：我们是否看到这个人表现出了良好的幼儿园习惯，足以让我们邀请他参加第二轮面试？团队成员是否会愿意和这个人结对工作一整天呢？

我们要做的第一件事情就是用拇指投票。如果三位观察员都对某位应聘者竖起大拇指，特别是如果他们的反应热情而坚决，我们就不会展开进一步的讨论。应聘者立即进入第二轮面试。同样，如果我们得到的是三个大拇指朝下，我们也不会再就此展开讨论，而是直接否决。我们会郑重地给他们发送邮件，告知结果，并邀请他们下次再来。

当然，投票通常会陷入胶着状态，需要我们进一步讨论。结果会演变成关于我们的文化和某位应聘者是否适合我们的文化的精彩讨论。这是一个在公司内部增强我们的文化内涵的好机会，也有利于将我们的文化灌输给团队新成员。这次讨论之后，整个小组投票，并记录投票结果。

作为首席执行官和联合创始人，我确实可以发表观点，也可以投出一票，但是我的那一票和其他人的一样。我无须和应聘者结对合作，所以我不想凌驾于团队之上来做决策。我希望由团队成员来掌控这个过程，让他们来选择自己的潜在同事。

第二轮：做真正的工作

如果应聘者成功进入了第二轮，他就要来工作上一整天。我们会给他一份有偿工作一天的合同，让他做真正的客户项目。（我们会提前通知相应的客户，并降低这项工作的收费。）

我们会给应聘者指派一个项目中的一项单独的任务，让他和我们的团队成员合作完成。所有门洛的成员，甚至是那些相对较新的成员，都是第二轮面试的潜在搭配伙伴。早上，某位应聘者也许和我们的程序员泰德结对合作，然后下午可能是和另一位程序员维拉结对工作。应聘者的工作包括快速向维拉介绍早上的工作，不过他也可以去请教罗伯特。

通过和应聘者结对工作几个小时，泰德和维拉会对他的编程技能产生更为直接的认识。如果应聘者不懂我们当前工作所使用的技术，也没关系。我们会观察应聘者是否对此感兴趣，是否会向人请教，以及是否具有快速学习的能力，同时是否能将自己的专业技术迁移到这个未知的领域。

这一天结束时，应聘者会填写一张工时表，我们会按照每小时 10 美元的标准支付劳务费。不过除了钱之外，应聘者对结对工作有了真正的体会。对此，许多人都听说过，但是没几个人实际尝试过。这并不适合每一个人，我们也接受这一点。我们认为面试应该给双方一个评估文化是否适合的机会。

应聘者离开之后，与他配对工作的两个人（在上面的例子中，是泰德和维拉）会和工厂楼层经理卡罗尔会谈，卡罗尔负责协调整个工厂所有项目的资源规划。她会问他们一个非常重要的问题：你愿意再次和这个人结对工作吗？如果团队成员的反馈是积极的，我们就会邀请这个人来参加为期三周的试用。我们和应聘者签为期三周的有偿工作合同，现在的工资提高到了初级水平。应聘者参与真实的客户项目工作，与至少三位门洛员工结对合作。

如果试用期进展顺利，这个人就会加入我们的团队，我们就会多了一个新门洛人。适应的艰难过程实际上在极限面试期间已经结束。我们完全避免了本章前面介绍的苏珊“第一天上班”碰到的恐怖经历。

当然，在新人慢慢地融入我们的文化的过程中，仍然有许多教和学的地方。我们也仍然会淘汰人，但是这种情况比较少。

下面是我们的一位程序员杰夫·J对他参加门洛面试的独特经历的回顾。

> 里奇喜欢说，平均下来，参加面试之后6星期的新员工就会变得士气低落。对于我来说，这个过程要来得更快。大学毕业之后，我找到一份工作。当时，我工作的环境和电影《上班一条虫》（*Office Space*）所描述的一样，非常真实、凄惨，在三星期没有工作之后，我因为不断请求同事给我点事情做而惹恼了所有人，结果被解雇了。公司给出的理由是“和团队关系不睦”。回想起来，这个理由描述得非常准确。幸运的是，门洛让我在被那份无聊的工作抛弃之后参加了一天的面试。门洛和我之前进入的公司大不相同，我来到这里才20分钟（本来应该是接近5分钟，不过我先去泡了杯咖啡），就开始在计算机上编写真正的代码，从事真实的项目，服务真实的顾客。第一天工作结束后，我和付钱让我们开发软件的

客户见了面。三星期的试用期结束时，我正在和与我同时开始试用过程的人一起工作。我找到了每个人除了一份薪水之外希望获得的东西：我找到了一份事业，也找到了快乐。

迅速做出招聘决策

第一轮面试的淘汰率可高达 60%，而第二个阶段和第三个阶段的淘汰率可高达 50%。如果参加第一轮海选的有 50 人，那么 50 人会变为 20 人，然后 10 人，最后 5 人。我们会迅速作出决策，而且这个过程相当轻松。我们不会把大量时间花费在担心犯错误上。

我认为，大多数公司在招聘中面临挑战的一个关键原因是，它们的面试过程花费了太长的时间。发现了一位优秀的应聘者后，人力资源部门的官僚作风就会暴露出来。应聘者要在数星期之后才能收到回复，而到了录用通知送达时，应聘者却已经在其他公司找到了另外一份工作。我们的决策过程运作得很快，能在人们仍处于兴奋中时，就把好结果传达给他们。

我记得加利福尼亚州某个公司的首席信息官曾问我："里奇，我听说你招聘的 5 个岗位竟然有 50 人来参加面试，这是真的吗？"他接着告诉我，他招聘 50 个岗位还找不到 5 个人。我从安阿伯市其他公司的高管那儿也听到了相同的故事。"你从哪儿找来的人？我有两个空缺职位都找不到人来填补。"

凭借外显文化和与之相匹配的面试过程，我的招聘确实比较容易。我们可能会在网站主页上巧妙地发布一些消息，但也就是这些措施了。大家口口相传会引来一大批人；好声誉为我们赢得了群众基础。通常，我们根本不用费力气就能招来 50 人参加面试。与其他公司的管理层不同，我们寻找的不是拥有确切技能的最佳人选。**在门洛，我们想要的是有求知欲、有能力的学习者。我们可以随时教授技能。如果他们拥有不错的基础，教学就不重要了。**

以下是门洛一位工作多年的项目经理丽莎·H的叙述。

之所以我在我们的招聘过程中找到了快乐，有以下突出的几点：

1. 我们永远不会允许某个人拖累我们，伤害团队。（门洛的每一个成员都知道无论你在这里待了多久，面试过程永远不会停止。）我们的团队找到了合适的人就会有快乐。
2. 从一开始，团队帮助指导新人，就产生了快乐。
3. 我从极限面试活动的社交方面发现了很多快乐，就是和团队成员一起闲逛。当交流对所有应聘者的反馈时，我们也在反思自己的错误，因此总是有许多欢笑。我们知道要成为理想中的团队还有很多工作要做。

解雇员工不容易，但你不得不做

尽管我们尽了最大努力，面试过程也经过了深思熟虑，但是招聘结果仍然不可能始终如我们的意。**必须要为人们适应我们独特的工作方式留出时间和空间**。给出了机会之后，人们就能够并且确实会改变。不过，同样重要的是，如果有人最终不能适应我们的文化，还是要大胆地放手。因为，并非所有人都能成功。如果我们确实必须对某人放手，那么我们这样做的同时还要给予尊重：让他有尊严地走。解雇员工永远不是件容易的事情。

我们可能会在两个方向上犯错：对不应放手的人放手，又紧紧抓住应该放手的人不撒手。毕竟，我们不是全知全能的。但是，有一点是需要明确的：如果这次不成功，无论出于什么原因，你下次还可以再尝试。我们公司是一个没有围栏的鸟笼。一些人在经历过多次面试后，才最终取得成功。还有一些人往返几次之后，我们团队和他们才清楚地看到，即便我们希望他们成功，门洛也不适合他们。另外一些人来这里待上一段时间后，又离开，之后又回来。虽然我们看到老员工离开常常会感到悲伤，但是我们知道这对于健康的文化是一种自然现象。对于一个中心主题为尊重每位成员的整个人生的团队，这是应该的。（第 6 章会详细地介绍我们对人员减少的看法。）

开放的鸟笼会带来意料之外的好处，包括为你的公司做营销。我经常会想起伯特，他通过了三周试用期。他人不错，我们特别喜欢他，但是他的学习曲线没有达到我们需要的速度的要求。问题可能在我们，也有可能在他。不过，更可能是双方都有点责任。

最后，我们的团队决定放手。当时，伯特为之落泪，但并不是痛哭，只是眼角有些湿润。伯特真的希望为我们工作，我们也真的喜欢他。他离开的数星期之后，我接到他打来的一个电话。

“嗨，里奇……我只是想给你打个电话，告诉你我在底特律找到了一份新工作。”

我非常高兴他成功找到了一份新工作。我告诉他，他打电话告诉我这个消息做得真是周到。

“哦，不——这不是打电话的原因。我们有一个软件项目，我认为非常适合门洛。我希望带我们的首席执行官前去参观并就此进行讨论。”

于是，我不由得认为我们把伯特离开的事情处理得非常好。几天后，伯特和他公司的首席执行官来参观了我们的办公室并和我们进行了讨论，而他的离去只是几周之前的事。

找到缺失的一环

《从优秀到卓越》（*Good to Great*）一书的作者吉姆·柯林斯有一句著名

的格言，大意是让合适的人上车，让不合适的人下车。虽然我们门洛的这趟车有很多站点，但是在合适的时间车上要有合适的人。

那么，我们的车上都有些什么样的人？我们需要填补哪些空缺？显然，就我们的工作而言，我们需要程序员，但即便我们的产品是可工作的软件，程序员的数量也不超过团队总人数的一半。开发设计精美、性能可靠的软件仅靠编程是远远不够的。门洛也需要质量倡导者，他们要有大局观，并要确保在工作推进的过程中一切都有机衔接起来。我们也需要项目经理，由他们保证一切井然有序，项目经理也负责对接客户。

接下来，就是在我们的团队拥有很酷的头衔的高科技人类学家，前文中已经提到过几次。**高科技人类学家是我们团队独有的，世界上其他所有软件团队和许多公司都没有这个职位。**高科技人类学家为取悦我们的客户发挥了非常重要的作用。

最有效的干法
JOY, INC.

1. 找出一些聪明能干的人才，同时他们真心认可而且希望发展壮大你的企业文化。
2. 不再追寻人们知道什么，而是更多去关注潜在雇员是什么样的人。
3. 如果有人表现出加入团队的愿望，第一件事可以是邀请他们进行一次公开的参观。
4. 发现了一位优秀的应聘者后，人力资源部要快速给出回复意见。
5. 如果有人最终不能适应企业文化，就要大胆地放手，同时还要给予尊重，让他有尊严地走。

Joy, Inc.

How We Built a Workplace People Love

The Power of Observation

05 引入首席观察官，读懂用户底层需求

见人之所见，想人之未想，是为发现。

——阿尔伯特·森特·哲尔吉（Albert Szent-György），

诺贝尔奖得主，匈牙利生理学家

一个星期六的早上，我外出办事，途中顺便到五金店取了一些表层土。当我正把土装上车时，被我堵住车的车主向我走来。我正要为给他造成的不便道歉，他突然指着我 T 恤衫上的标志惊叫道：“我每天都在使用它的产品，我喜欢它的产品。”那是我们的一个重要客户 Accuri 流式细胞仪的标志。

我说：“啊，是吗？那个软件是我们开发的。”

“你们干得很不错。与我曾经使用过的其他产品相比，你们的软件让我的生活变得简单多了。谢谢！”

我把剩下的土装上车后，就继续去办事了。走在路上，我的脚步变得欢快起来。他的反应是一个明确的信号，说明高科技人类学家发挥了作用，我们的团队为用户设计了一个好用的程序。

在门洛，我们的快乐根源是人们使用软件时体会到的乐趣。我们的目标始终不变：**设计和打造人们无须说明手册、培训课程或辅助文档即可使用的软件。甚至，在我们从未涉足过的高深领域，我们也实现了这个目标。**

一个公司的存在不是为了服务自己人，而是为了满足其用户的需要。每次想起这种快乐，都会让我们每一个人都聚焦于一个有价值的外部目标。软件交付不容易：编码辛苦，找到正确的设计需要耐心和不懈的努力。这些都是非常有难度的工作，并不一定总是能够愉快地完成。在这个过程中，我们会受挫，会失去耐心，也要解决意想不到的问题。我们的快乐来源于所有这些辛苦工作的结果。我们希望为那些因我们设计和建造的软件而改善了生活的人们带去快乐。

在你的工作中，也有这种快乐。你的工作就是追求这种快乐。如果你的公司是一家汽车制造商，当你听到驾驶员谈论你生产的汽车用了“喜爱”这个词时，你的快乐之情就会油然而生。如果你是一家熟食店的老板，大批顾客对午餐感到心满意足，大肆赞扬你的腌牛肉黑麦面包，你就会感到快乐；如果你是一名医生，你渴望和患者建立温暖、持久的关系，让他们保持健康和活力，这样他们就可以尽情地享受生活的每分每秒。

我们有没有可能按部就班地收获这些美好的结果？是否存在一种可重复的组织观察、发现和“设计”的方式，从而当事情不是按要求的那样发展时，人们能及早发现设计系统、产品或服务时出现的显性和隐性的问题呢？

是的。为了以取悦顾客为名，有条不紊地追求快乐，你必须学会通过一个能将问题视为机遇的透镜来看世界。

在门洛，我们意识到某些根本性的东西在大部分软件团队里是缺失的，这让我们受到了启发。如果我们的快乐目标是取悦于终端用户，那么我们就必须发明一个新流程，长久地维护好终端用户。我们看到大多数人，即使他们不为高科技公司工作，仍然受到软件的折磨。和其他许多公司一样，你的公司没有软件就无法运作。一个加油站不使用软件，就无法给顾客加油；一家有线电视公司没有软件，就无法提供上百个频道的信号。

问题是在为软件打造极佳体验的过程中缺失了一环。为了充分领会缺失了什么，我们首先必须理解这个问题的根源：对两种截然不同的文化及其相互冲突的目标存在根本性的误解。用户和软件开发人员说着不同的语言，生活在不同的世界里。

过去的观点认为，软件的一边是像我这样的“逻辑人”（Homo logicus）①。我们知道计算机如何工作，也认为其中充满了趣味。其中也涉及很多东西，有一个中央处理器（CPU）和随机存储器（RAM），有硬盘驱动器和闪盘驱动器，有 SIM 卡和 USB 接口，有 WiFi 和以太网。你听说过 Ruby on Rails 吗？正是这种语言让 Web 2.0 成为可能。我们中一些人还在对 HTML5 持观望态度，但是它确实展现出了某些不错的前景。如果你学会像我一样思考，就能理解所有这一切的意义。一旦你懂得如何像我一样思考，你正在努力理解的软件会变得十分明了。

处于另一边的是那些麻烦的、愚蠢的用户，即“傻瓜”（Dummies）②。由于软件开发人员长期处于支配位置，这导致非技术人员自认为是愚蠢的用户。于是，当一个网站，一台智能手机，或一台数码相机不能按照设想的那样工作时，这种自贬就演变成了一个常见的借口：“哎呀，我就是个愚蠢的用户。我确定这很容易——我只是没有花时间去学习。”不过，有些用户开始感到纳闷：我们为什么必须像程序员那样懂得计算机呢？

那么，是什么缺失了呢？

就是人类学。我们需要研究原生环境下的人们，来弄明白如何为他们带来效用和快乐。

① “Homo logicus”是作者仿照“Homo sapiens”造的词。“Homo sapiens”指“智人”。——译者注

② 此处一语双关。“Dummies”也指计算机科学中的“假程序，伪程序”。——译者注

人类学是研究人性的科学。它关注的是社会体系、人工产品、词汇、社区内的交互，以及不同群体的交集。人类学家需要了解历史，从而更好地理解现在，为了达到这个目的，他们探索古老的历史文物，这有点类似于考古学家的工作。他们想通过一个真实、公正的角度尽可能地了解人们和他们的故事。

我们认为必须将人类学应用到软件设计中去，应用人类学知识并使之成为我们流程中一个至关重要的部分，有助于消除我们一线技术人员和那些可怜的用户的失落感。

我们使用的技术和方法适用于任何种类的产品或服务，它们并非只受限于软件。我的故事和示例都和软件有关，因为我们所做的正是软件开发。同时，你也能够将这些故事推广到自己的领域。

创建人物角色

高科技人类学家首先要了解未来将使用我们软件的用户。我们必须在原生环境中找到这些人，因为设计是与情境相关的。焦点小组之所以不可取，是因为他们会迅速沦为支配性人格障碍群体，导致一个强有力的声音压倒其他所有声音。你也不能把用户邀请到办公室，问他们有什么需求，因为他们实际上也不知道自己有什么需求。这不是因为他们愚蠢，实际情况则恰恰相反。他们在日常工作中都不知不觉地表现得很能干，所以他们完全没意识到这些最重要的微小细节。克服这一局限的唯一因素是：敏锐而又耐心的观察。

不妨假设你是门洛的一位高科技人类学家，我们让你加入一个团队，任务是和团队共同建造一个婚礼策划网站 MyAwesomeWedding.com。为了了解用户，团队首先会问的一个问题是：“哪些人会去策划婚礼？”

很快，你和搭档提出了一个清单：新娘、新娘的母亲、伴娘、新娘的姐妹、专业婚礼策划人……也许还有新郎。

高科技人类学家的团队也是采取结对工作的模式，它的第一项工作是到这些人的原生环境中去做些调研。但是，你会去哪儿呢？教堂和会堂、宴会厅、婚纱展、巴诺书店（Barnes & Noble）放新娘杂志的书架、珠宝店、蛋糕店以及婚纱礼服店都是不错的选择。团队成员会对他们遇见的人开展随机观察和非正式访谈，记下他们见到和听到的信息。他们会问各种各样的问题，首先就是“大喜的日子是哪天啊”，还会尽力发掘他们可以获得的其他一切信息。

回到办公室后，高科技人类学家就开始从他们的记录中提取信息，并根据遇见的不同类型的人进行分组。他们碰到了年轻、首次结婚的新娘和第二次结婚的新娘。他们发现不仅是伴娘，婆婆和姐妹有时也会参与进来。他们了解到婚礼策划对母亲比对女儿更重要一些。他们提取完信息之后，就可以开始写故事，创造“人物角色”。这个“人物角色”代表的是系统的主要用户。它可能是这样的：

> 凯瑟琳·托伯是一位52岁的家庭主妇。她来自密歇根州德克斯特。不久后，她就要帮她女儿策划婚礼了。她很活跃，乐于参加各种社区活动，喜欢在休伦河上划皮划艇。去年，她新买了一台计算机，但是用得并不像她预想的那样多……

凯瑟琳的目标是：

- 帮助策划这场世纪婚礼！
- 确定使用计算机是否能节省时间。她想和女儿讨论一下自己的计算机水平。
- 避免出现别人说她不懂的术语的情况，这会让她觉得自己很愚昧。

当然，高科技人类学家并没有真的遇到一个叫凯瑟琳·托伯的人。但是，凯瑟琳这个人物角色从头到尾使用的都是真实的元素，这些都是通过观察和访谈从受众身上了解到的。

高科技人类学家将根据他们遇到的各式各样的人，创建数十个人物角色。这些人物角色是一款软件产品为人们带来快乐的关键。或者，更准确地说，其中只有一个人物角色才是真正关键所在。问题是，哪一个？

这是最难回答的问题，不是因为本来就有正确答案，而是因为答案就是“挑一个”。无论如何，我们必须避免客户掉入无法作出选择的困境。在迫使他们作出选择时，我们每次都会听到同样的反对理由：“我们希望这款软件适用于每一个人。我们不想选择单个人物作为主要人物角色，而是希望主导这个市场。”如果你试图打造适用于所有人的产品或服务，它反而不适合任何特定的人，你就会在市场中遭遇惨败。

我们把所有可能的人物写在一张张卡片上，卡片和超大号的棒球卡差不多大。完成之后，我们把人物卡交给客户，并将他们带到一块大型的泡沫塑料板前。塑料板上画着三个半径不等的同心圆，看上去很像箭靶。然后，我们让客户做一个艰难的决定：确定主要人物。他们挑选的这个主要人物是我们设计的系统或产品的目标对象。

他们逐一查看了每张卡片，每位顾客都有相同的感慨：所有的人物都应该放进人物图的靶心位置。他们和我们争论，也彼此相互争论。他们挑出一张，然后又改变主意。他们又进行了一番争论，最后挑出一个人物，我们随即把它粘在泡沫塑料板的靶心。通常，这个过程需要花费数小时之久；它有那么艰难，也有那么重要。然后，我们让客户挑选两个第二重要的人物放在第二个圈内，挑选三个人物放在第三个圈内。

这一人物图是项目设计的核心依据。任何界面、按钮、报告、功能都是从主要人物的角度出发去评价。我们赋予了这个人物以生命。在婚礼策划的案例中，主要人物是凯瑟琳·托伯。这个网站的营销团队认定母亲是掌握预算和控制支出的人。新娘艾米放在第二个圈里，是第二重要的人。

现在，高科技人类学家正在考虑为 MyAwesomeWedding.com 的界面设计一个按钮，他们会问："这个适合凯瑟琳吗？"如果有人回答："哎呀，这个功能是针对艾米的。"这没关系，不过接下来问题就是："我们怎样添加这个功能才能不妨碍到凯瑟琳呢？"这样，主要人物又变回了凯瑟琳。如果它不适合凯瑟琳，我们就排除这一设计。

这种对终端用户的关注让我们的产品变得更人性化，而不再抽象。我们非常重视凯瑟琳和我们产品的交互以及该产品为她生活提供的帮助。

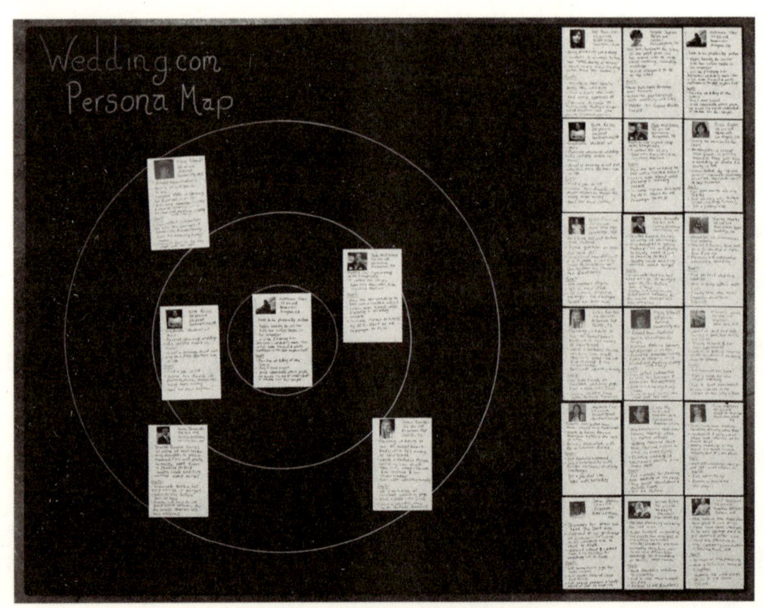

一个人物图的示例，图中靶心为主要人物

读懂角色背后的需求

我们最喜欢的一次高科技人类学家体验，发生在 Accuri 流式细胞仪人物图的操练中。Accuri 非常希望主导市场，他们获得了约 3 000 万美元的风险投资，需要为投资者提供巨大的回报。

起初，Accuri 团队希望把所有人物都放在中间。他们的确这么做了。我们把它退了回去，并告诉他们必须从中选一个。他们一脸痛苦的表情，最终挑选了埃米莉。埃米莉是一位实验室主管，她当前在使用它的竞争对手的产品。他们告诉我们，埃米莉不会让她的研究生助理布拉德使用市面上已有的流式细胞仪，因为出错是常事，而一次错误的代价又太高。

我们和他们玩了一个假设推测的游戏。我们问："如果我们把软件制作得比较容易，足以让布拉德使用，会怎么样呢？"这个问题触发了一场激烈的争论。首先，他们很生气。他们争辩说，埃米莉不会容许的。她不让布拉德使用。她不放心让布拉德使用。几小时之后，中间包括一个晚上的暂停，Accuri 团队回过头来，告诉我们他们形成了一个重要的认识：相比埃米莉，布拉德是潜在用户的概率要大得多。主要人物应该是布拉德。他们进行了调换，我们则把软件制作得更便于世界上的布拉德们使用。

产品推出后不到三年，Accuri 就成了流式细胞仪市场中一个强大的竞争者。2011 年 2 月，Accuri 以 2.05 亿美元的价格卖给了它们最大的竞争对手之一。我们倾向于认为这是因为他们更了解用户，因为有高科技人类学家。

找到核心问题所在

有顾客要求我们为一个柴油发动机诊断工具的手持触摸屏设计用户体验。我们的高科技人类学家先去了安阿伯市交管局拜访肯恩。肯恩是一位公交车技工，负责修理公交车。肯恩做的第一件事是戴上橡胶手套。我们的高科技人类学家注意到这一现象，后来问肯恩他是否一直戴着手套。他说，现在手套对于干这种工作的每一个人来说都是非常标准的配备。

这让我们的团队感到惊讶。按照客户的要求，为肯恩和他的同行打造的设备将采用电容式触摸屏（和苹果手机上的一样），这意味着它不适用于戴橡胶手套者。我们的顾客也为这一点感到吃惊。门洛只在这个领域花了两个小时，就发现了这个足以让他们的产品在市场上遭遇惨败的问题。我们的那位顾客在这个领域拥有30年的经验，他甚至不知道这一点。将电容式触摸屏换成能对手指触摸的压力产生反应的电阻式触摸屏，这个问题就得到了解决。

在我们还没有深入设计之前，高科技人类学家通过专注、仔细的观察找出了这个问题。但是，高科技人类学家并不只是观察客户和我们设计之间的物理交互。毕竟，人们的工作并不全是走过场而已。为了了解我们如何才能在产品中加入快乐，我们的精神状态和深刻的感情也很关键。

在为县政官员重新设计系统期间，我们的高科技人类学家观察到一个县政官员的办公室里到处都钉着明信片。他们发现这些官员和市民的交流并非总是顺利的，许多市民气势汹汹地来到这里，因为他们认为县里的税赋太高。当然，税赋和这些官员关系不大，但是市民却不管这个。这些官员将明信片作为降压药，在和好斗的市民艰难地沟通之后，想象自己处在美丽的海滩景色中。

我们的高科技人类学家发现了这一点，将一些这样的海滩图片放在了主屏幕上。他们特意在这些官员每天使用的系统中添加了舒缓压力的元素。这一个小细节深深打动了官员们。一看到屏幕上的海滩图片，一些官员就流出了眼泪，他们说以前从没有人像这样倾听他们的声音。

这些官员从没有要求过要用海滩图片。但是，我们团队观察了他们在原生环境下工作的方式，认为这处增添不错，可以向这个系统的用户致意。事情也的确是这样。

手绘模型：高科技人类学家的文化产物

我们的高科技人类学体系拥有其独有的一套文化产物，这些产物和我们的故事卡和估计表格一样重要。对此，大概没有人会感到惊讶吧。

高科技人类学家结对工作为他们负责的产品制作简单、低保真的手绘屏幕模型。如果是设计网站或应用，他们就会在纸上绘制模型，它的尺寸和典型设备的屏幕尺寸一样，包括计算机显示屏、苹果平板电脑屏幕和安卓手机屏幕。如果客户正在建造特殊的硬件，比如，用于一个诊断工具，我们常常是在设想的硬件还不存在，只有图纸规范的情况下，就启动我们的项目。在这种情况下，我们的模型将包括物理样机，有时是以胶带和纸板为原料制成的。

之后，这些手绘的纸质用户体验设计原型就会被真实的用户测试。高科技人类学家让用户试用原型。我们不是问他们对设计草样的看法，而是让他们使用原型完成一个任务，我们在一旁观察。例如，对于我们帮忙设计的柴油发动机诊断工具，我们把一个纸质屏幕全尺寸模型放在一个胶带粘贴的物理样机上的合适位置，然后交给一位柴油发动机的技术人员，问他如果执行一项初始诊断测试他会怎么做。我们想看到终端用户在没有帮助的情况下是否知道如何使用。通过使用简单、粗糙的物理样机模仿硬件，使用手绘屏幕模型发挥显示作用，几乎我们测试的每一个人都愿意试用这些不具威胁性的模型。

我们是一家软件公司，却如此依赖纸质系统，对于这一点你也许感到奇怪。一位门洛的访客严肃地告诉我由于这种“妥协”，他对我们失去了信心，因为他把使用纸来规划和执行工作视为我们软件能力的一个失败。

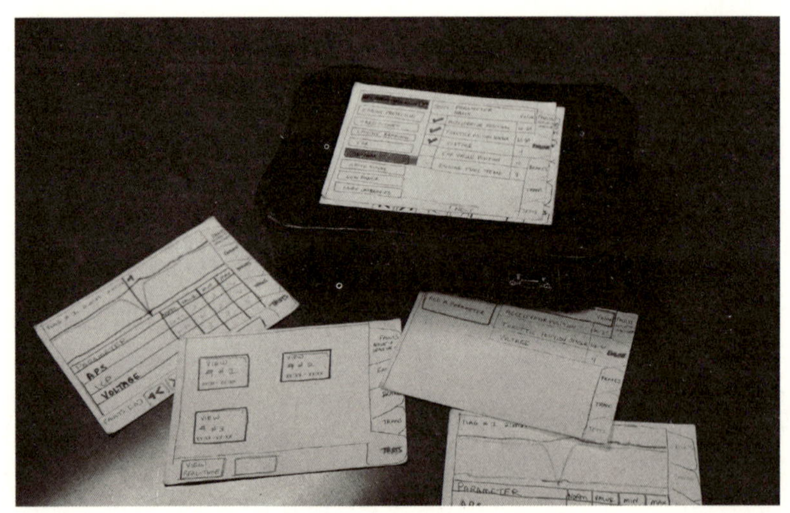

蜻蜓项目的纸质原型

事情并不是那么简单。我们选择自己认为对人类更有效的工具。有时，电子工具最好用，但是大多情况往往不是这样，特别是对于一个成员都坐在同一个房间的团队。人类是视觉生物，偏好有触感的工具，纸比触摸屏更有触感。电子系统要在硬件和软件开发上花费数百万美元，才能比得上纸质系统的灵活性和可伸缩性，而且它依然不如后者那么有用或有效。我们的民主理念在涉及这些纸质工具时仍然适用。易于学习的简单工具能在利益相关者中获得更广泛的认可度。

为生活而设计

无论你以什么工作为生，设计都在其中发挥着作用。一家餐馆应该拥有一份不错的菜单和用户体验。一所大学应该简化学生申请、选课和付费的手续。一个航空公司应该让预订位置和打印登机证变得容易。

为了在设计上取得成功，一家公司必须明确它的目标受众，把问题具体化。如果你回过头去看凯瑟琳这个人物，就会想到她的目标和技术无关；而与她这个人有很大关系。

凯瑟琳的目标：

- 帮助策划这次世纪婚礼！
- 她希望为她的家人打造一份美好的回忆。
- 确定使用计算机是否能节省时间。她想和女儿讨论一下她的计算机水平。
- 她想和女儿进行有意义的对话。
- 避免出现别人使用她不懂的术语的情况，这会让她觉得自己愚昧。
- 她不希望因为任何与此相关的问题感到自己愚昧，因为这种负面情绪会持续一生。

为了达到人物的目标，你需要反复设计：做一个小的、简单的设计，让真实用户对它进行测试、改善，再重复。你无须拥有设计直觉以图在设计上取胜。你只需保持对人类行为的敏锐观察，在你的精彩设计不起作用时保持谦逊，并愿意在需要的时候调整你的设计，来获得一种快乐的用户体验。

高科技人类学家的 10 个能力

许多人希望知道我们是在哪儿找到高科技人类学家的。嗯，不是在大学的人类学系。这并不是不会去那里找，只是当我们尝试这样做时，运气不够好。实际上，我们在各行各业中物色高科技人类学家。这些为我们工作的人有各种各样的背景：小学教师、记者、花卉部经理、客房部经理、工业作业工程师、电影专业大学生——这些只是其中的一小部分。

我们看重的是什么呢？除了提到的所有门洛人都要具备的标准的幼儿园习惯，高科技人类学家还必须掌握许多才能，包括：

- 优秀的观察能力。
- 有时静坐的能力。
- “尽早犯错”的态度。
- 用户界面设计技术。
- 会使用蜡笔和马克笔绘画。
- 会使用便利贴。
- 擅长使用 Photoshop（讽刺的是，它是 Adobe 公司的一款非常复杂的软件）。
- 同感能力。
- 处理模糊和抽象问题的能力。
- 明确、准确地创造新事物的能力。

知道如何编码并不是其中的一项要求。

因为无法测试这些才能，所以我们在极限面试时会使用最佳洞察力去甄别，在做真正的工作时让他们和最好的老师结对，看看他们是否满足我们的要求。没有人为我们训练高科技人类学家。我们必须自行发展。通过在你的工作中引入人类学，你也可以做到。

最有效的干法

JOY, INC.

1. 一个公司的存在不是为了服务自己人；而是为了满足其用户的需要。
2. 及早发现设计系统、产品或服务时出现的显性和隐性的问题。
3. 发明一个新流程，长久地维持好终端用户。
4. 注重观察的力量，应用人类学知识并使之成为流程中一个至关重要的部分。
5. 你无须拥有设计直觉以图在设计上取胜。你只需保持对人类行为的敏锐观察，在你的精彩设计不起作用时保持谦逊，并愿意在需要的时候调整你的设计，来获得一种快乐的用户体验。
6. 在各行各业中物色高科技人类学家。

How We Built a Workplace People Love

Joy, Inc.

How We Built a Workplace People Love

Fight Fear, Embrace Change

06 不断试错，快速迭代

恐惧是思想的杀手。

——出自弗兰克·赫伯特的小说《沙丘》(*Dune*)中比·吉斯特姐妹会抗拒恐惧的祷告词

恐惧是扼杀快乐的最大元凶之一。这就是为什么詹姆斯·戈贝尔在我们早期的工厂实验阶段时发出声明，门洛任何事情出问题都是他的错。作为我们最资深的程序员之一，泰德马上就“领悟”了其中的意味。任何时候出现问题，泰德都会说：“这是詹姆斯的错。”这句妙语使团队成员免于吹毛求疵，让每一个人都把精力放在解决问题上，而不是推诿责任上。

有了安全感才能摆脱恐惧。如果你感到安全，就愿意做实验。员工就不会事事都去征求上司许可。你就能避免冗长、单调的会议。公司就能构建一种新的文化，这种文化承认错误是不可避免的。你就能意识到：**相比今天行动缓慢所犯的致命大错，快速尝试暴露出来的小问题更可取。**

大多数公司只是口头上支持“快速失败”。在团队进行早期实验探寻他们的极限时，士气很容易受到打击。而在受到打击之后，他们就会一味求稳，不愿冒险。在一种求稳的文化中，人们会选择做他们知道一定会成功的安全实验，这极大地抑制了改变举措背后的活力。这种做法对创新来说是致命的。

以上做法和具有安全感的文化其实正好相反。为了建立有安全感的文化，你首先必须认清一个事实，即你所要求的不怕失败的冒险精神正是年轻时社会从团队员工身上彻底拔除的东西。想想那些常见的观念："拿高分""上名牌大学""找一份好工作""升职""赚更多钱"。大概，在过程中，你做了一些激进的尝试，但没有取得成功。最终，你获得了一个糟糕的分数，它拉低了你的平均成绩。由此，你错过了斯坦福大学。因为这样，你无法进入谷歌工作，也没有成为千万富翁。你失败了。

而现在，我们让你尽早失败。

多做创新实验，尽早犯错

在接口系统公司，我们和鲍勃、克莱尔做的最早的实验是测试极限编程。尽管我起初希望整个团队尝试所有这些疯狂的技术，但是我们最后还是先让一个结对小组工作数周时间。我们做一个小实验，即便它不成功，也不会让整个团队士气变得低落。而一旦实验在两人层面上取得明显成功，我们就会接着进行第二个小实验：在 Java 工厂进行为期一周的试用。

我知道很多公司采取破釜沉舟式的变革。他们进行超大型实验，不给失败留有任何余地。如果你的决策完全正确，就会取得非常好的效果，否则，就会带来灭顶之灾。尝试新事物应该从小处做起。这样，你就有开展廉价实验的空间：如果未能取得成功，也不会留下记录。

如果一种尽早犯错的文化要博得生存并繁荣发展，就必须建立多快好省地进行实验的标准。假设你最初进行的许多实验都将失败，你将在门洛听到的最常见的一句话是"让我们来做个实验吧"。这句话我们至少每天会说一次。我们不计算实验的次数，不记录成功率或失败率，但是如果真这样做，我们预计成功率和失败率将是持平的。如果失败率开始下降，我们就会担心恐惧已悄然而至，导致大家不敢在重要的方面冒险。

杜绝沉没成本思维

在门洛最简单的模式中，我们的程序员小组会通过编写代码来检验一个东西是否有效。如果无效，就会将那些代码抛开，重新来过。我知道这听起来很简单，特别是对于那些不以此为生的人，但是你无法想象为此投入的心血，在我们心里，这几行代码就是沉没成本。

沉没成本思维是当今企业变革最为隐蔽的一个障碍。"沉没成本"是指已经投入项目中的资金。如果我们过后认定之前的努力是错误的，就会担心投入其中的所有资金都白费了。这种沉没成本思维会让团队陷入麻痹状态，产生三种同样致命的不作为心理。

第一种不作为心理是"我们已经在当前的系统投入了如此之多"，现在改变方向会显得很疯狂。即使我们克服了这一心理障碍，我们也要面对由下述原因导致的第二种不作为心理：**人们希望能避免未来可能的失败及其损失的沉没成本。**我见过大团队花费数小时，乃至数天，待在一个会议室里争论是否应该尝试一个仅需一小时的实验。争论大概是这样的："没错，但是如果不成功，我们就白白浪费了时间。"大概更重要的是，他们在想："而且，我或许会被视为有过失败尝试的人。"如果小小的改变就会产生这么大的阻力，那么谋划大变革将遭遇的反抗根本不能想象。

即便实验能顺利开展，第三种不作为心理也会耗尽组织所有的力量：**即使实验明显失败，也不愿意改变方向，担心我们此前投入的所有努力都会付之东流。**一旦选定了方向，团队就会倾尽全力坚持到底，即便他们知道自己将走向失败。

想想福特珠峰项目。在互联网时代，这是一个庞大的项目：将约 30 个迥然不同的采购系统整合为一个基于网络的系统，以期服务多个层次的供应商。2004 年，在投入了 4 亿美元之后，福特最终终止了这一注定失败的 IT 项目。你能想象在花费了 1 亿美元之后，终止一个项目有多难吗？他们可能宣称再投入 1 亿美元就能让它走上正轨，接着又是 2 亿美元，然后……终止：4 亿美元血本无归。显然，当时还需要再投入 2 亿美元，但不是完成这个项目，而是取消它，让事情回到原点。我认为福特必须生产和出售 100 万辆汽车，产生 6 亿美元自由现金流，才能弥补这一 IT 项目的损失。而且你也知道，这并非福特公司唯一失败的项目。福特并未占领失败的 IT 项目的市场，尤其是在汽车行业。这是许多企业的一个通病。

数年前，我主持了某个著名大学的研讨会，主题是软件项目失败的 6 个最重要的原因，以及如何避免它们。我讲完 6 点原因之后，小组中有人举起手来说："哎呀，我们就是这样一个例子。这 6 点我们都没办到，结果损失了 3 000 万美元。这是我们的第二次失败，第一次损失达 1 800 万美元。"花费近 5 000 万美元，而没有一点成效。当地媒体讨论过那个项目，所以我在后来的一次公开演讲中毫无顾虑地分享了这个案例。演讲结束之后，有个佩戴那所大学徽章的人走过来问我："里奇，你所指的是大学 4 个失败项目中的哪个呢？我从你的描述中分辨不出来。"原来，事情比我之前知道的更糟糕。那所大学不是在一个失败项目上损失了 5 000 万美元，而是在 4 个项目上损失了 2 亿美元！这就是沉没成本思维所带来的后果。

每一个行业都有这样由沉没成本思维导致的失败。在你追求快乐的过程中，考虑巨大失败有什么重要的呢？简单来说，沉没成本思维让企业变得麻痹，慢慢铸成大错。它们试图通过掩耳盗铃的方式回避坏消息。人们生性讨厌面对坏消息，尤其是很坏的消息，忽视这个事实将让你在追求快乐的过程中迷失方向，因为它会让许多改变的想法被扼杀在萌芽之中。改变的想法中就蕴藏着恐慌。

人为恐慌的巨大成本

当管理层制造人为恐慌作为管理手段时，沉没成本思维就会把这种人为恐慌放大。

人为恐慌是什么样的呢？它可能是你在星期一早上的进度汇报会上指出某事的进展不如预期时，一排高管纷纷皱起了眉头；它可能是某位高管被开除这样严重的坏消息，因为更高一级的领导明确指出不能失败。罗杰·博伊斯乔利（Roger M. Boisjoly）曾经在莫顿聚硫橡胶公司（Morton Thiokol Inc.，以下称莫顿公司）任职，而正是这家公司制造的声名狼藉的火箭助推器和可疑的O型环导致了美国“挑战者”号航天飞机爆炸。他经过深思熟虑，对该公司的人为恐慌提出了这样的分析：“本来有许多组织员工有采取纠正措施的机会，但是莫顿公司的管理方式不会让任何事情干涉到助推器的生产和运输。”

坏消息可以隐藏很长时间，但是它不会只是因为我们制造了人为恐慌而消失。这种恐慌及其相关的隐藏的沉没成本直接渗入“地基”，污染了企业文化和财务的生态系统的“地下水”。正如莫顿公司的案例，结果有时是致命的。

为了让尽早犯错的企业文化走向繁荣，你必须抛弃人为恐慌这种管理工具。我喜欢将门洛采用的方法称为文化暖通系统。我们把恐慌排出室外，过滤掉模糊的成分，将文化温度调整到团队感到舒适为止，然后释放出安全感。

当我们将恐慌排出室外，准许团队犯错误时，团队成员开始有了安全感。如果团队成员感到安全，他们就会开始对彼此产生信任。而信任带来协作，因此我们就能看到团队合作。如果犯了错误，团队就会承认，因为他们不害怕报复或惩罚，也不会有任何时间或人力浪费在组织人员找出元凶上。

恐慌会带来高成本。恐慌造成人体释放两种强有力的化学物质：肾上腺素和皮质醇。这两种化学物质的生理作用是将血液导向肌肉，而远离大脑的学习中枢。恐慌状态下的大脑完全靠杏仁核运作，有人也将它称为爬行动物脑。战或逃是我们唯一的选择。我们封闭了创新的通道，也隔绝了改变的机会。

此外，还有一条大多数企业很少选择的路径：在安全的文化中，开展一系列的小实验。简言之："我们不妨尝试这个，看看结果"。如果行之有效，就加大力度。如果不成，就改变做法或减小力度。我们宁愿尽早面对失败，而不愿原地踏步。

试错实验

How We Built a Workplace People Love

规划折纸

在接口系统公司的 Java 工厂工作的那些天里，我们在整体生产力、质量和速度上取得了很大的进步，但是仍然无法满足时间和预算方面的要求，所以不能按设定的进度推进。我开始将更多的注意力放在产品经理身上，他每隔一周和我们合作一次，按照事情的轻重缓急做好安排，我注意到了一些微妙的东西。他总是要求我们团队每人工作超过 40 小时——我知道这是不可持续的。

产品经理会以一种尖锐的声音发牢骚说："哎呀，就多了一点点事情。"我告诉他，我会高兴地和团队说他们现在每周的工作时间是 50 小时，但是他向我保证并不想让我们工作更长时间。他只想完成更多的工作。

在许多项目中，最致命的挑战之一就是范围蔓延。简单说来，范围蔓延就是在走廊里谈话时所说的“就多了一点点事情”的多出的部分，而说这话的人们根本不做这些事。再敢多给员工增加负担，就等着瞧吧！不仅项目延期，而且会超出预算。大多数呆伯特[①]（Dilbert）的漫画，通常都是尖头发上司玩弄范围蔓延引发的。

詹姆斯建议我们做一个实验来对抗这种产品经理的范围蔓延，为我们每周 40 小时的工作时间进行规划。他推荐通过折叠任务卡的复印件至不同尺寸来表示该任务预计花费的时间。一张长 21.59 厘米、宽 13.97 厘米的复印件表示该张任务卡要求 16 个小时的工作量。同一张卡片对折一下就表示该项任务需要 8 小时。这张卡片再对折一下就表示 4 小时。每对折一下即表示耗费的工时为原来的一半。一张 32 小时的卡片会被贴在一张正常尺寸的纸上，是 16 小时卡片的两倍大。易做易懂。

然后，我们制作了小报尺寸的规划表格，表格上绘制了一个能够容纳 40 小时的折叠卡片的方框。由我们的产品经理挑选折叠卡片，放入方框。他最多能够在表格中放入累计工时为 40 小时的任务卡片，但不能超过它。这个难题十分容易解决，产品经理使用这个系统仅仅几周之后，就很少要求“还有一件事”。当他提出这个要求时，我们就问他愿意移除哪张任务卡来为新卡腾出空间。虽然他不一定喜欢，但是这个实验有效遏制了范围蔓延的现象。

在门洛，我们的大多数实验和这个项目规划折纸实验相似：简单、廉价，且迅速。很多实验不会持续多久，因为它们无法解决问题。一些实验只是暂

① 呆伯特是史考特·亚当斯创作的同名漫画和书籍系列中的主人公。呆伯特的直属上司有一头尖头发，缺乏一般知识常识及其职位所应具有的管理能力，爱说大话且富有向物理现实挑战的精神（永无止境的颠覆与冒险），而倒霉和负责的往往是他的下属。——译者注

时需要；另外一些临时启动，然后成了常态。我们认为许多实验对于一些长期存在的问题是极好的解决方案，而实际上，它们只存在了不长时间，然后要么改进要么消失。接着，我们会做一个新的实验。

逐步改进流程

做小实验的一大快乐是你不必立即做最后决定。这和模棱两可不同，后者是指团队成员不确定某个决定是否已经做好，或者指他们不知道决定是什么。在我所指的情况下，我们会明确地对流程的一个部分进行修改，但是也保留了如果事有不顺就明确改变主意的权利。

迄今为止，威尔穆特（Wilmut）项目是我们最大的项目之一。这项工作涉及为一个经过美国食品和药物管理局认证的医疗诊断设备设计和开发软件。通常，我们有 20 多人参与这个项目。在每周的立项会上，我们会共同将所有规划好的卡片过一遍，然后再让每个结对小组开始做它所分配到的卡片上的工作。对于威尔穆特，团队成员因为一起工作的人和需要讨论的卡片实在太多而苦恼，于是我们做了几个不一样的实验来改善立项流程。

一些团队成员对不同的想法并不感兴趣，比如在立项时将项目团队拆分为两个 10 人小组，每个小组分别讨论一部分卡片。在我们提出只尝试一两周并且会反思结果之后，团队成员因为这些改变而产生的恐惧就一扫而光了。如果它的结果不能让我们满意，我们就可以再进行调整。如果有团队成员喜欢这种改变，我们愿意为此做一个实验。开启一个实验并不需要全体人员的认同。

还有一位团队成员更进一步强化了这个概念，他说应该连续做同一件事至少 2 ~ 3 周，这样才能对实验效果如何作出判断。真正做实验，你需要多试几次，因为无论你做什么，最初都可能会遭遇磕磕绊绊。

Joy, Inc. 试错实验
How We Built a Workplace People Love

客户在办公室里

当我们召开站会时，常常会有一个客户团队或甚至一位潜在客户在场。我肯定一开始双方都碰到过一些尴尬的时刻，因为我们并不希望让客户参加这种看似愚蠢的会议。但是，詹姆斯提出做一个小实验，就是让客户团队（如果存在）参加我们的站会。尽管不确定这是否会被认可，但是我们还是付诸了行动，邀请他们来参加站会。会议非常顺利。当维京海盗的头盔传递到客户手中时，他们会参与到报告中来，告诉团队自己在办公室里正在做什么、正面临什么问题，以及需要什么帮助。这不仅有趣，也是对我们使命的肯定。

我们有一位客户琳达。现在，她非常喜爱我们的系统，包括站会，她甚至开玩笑地问跟我们待在一起的时间是否可以领工资。我告诉她，如果她不介意在我们给她的发票上看到自己的名字，就不成问题。在我们做她的项目时，她自愿为我们提供帮助，提升项目的价值，尤其是在测试方面。一方面，作为一个独资经营者，她为项目节省了钱；另一方面，她也享受到了和软件团队建立起的密切关系。对于我们而言，这本来是一个尴尬的企业社会实验，最终却强化了我们文化的透明度。

国际实习生

门洛的第一个工作场所是一个街边小店，位于安阿伯市区历史上著名的凯里镇（Kerrytown）地区。到了夏天，我们常常让前门开着，路过的人们会探头进来，问这里正在干什么行当。我们会带他们来一次非正式的参观，这些非正式的参观让人们纷纷谈论起这个名叫门洛创新的奇怪公司。我们公司的名声得以迅速传播。

一天，一个叫伊莎·克里希纳斯瓦米的学生走进我们的办公室。她是密歇根大学国际大学生实习交流协会（The International Association for the Exchange of Students for Technical Experience，简称 IAESTE）的一员。伊莎询问门洛是否有兴趣招收一位国际实习生，实习时间最高为一年。这对一个小型初创公司似乎是难以想象的，但是她让我放心，说这是一个非常简单的过程。我们只需填写一份两页的工作说明，支付一份申请费用，IAESTE 就会解决余下的问题。

之后，来自波兰罗兹市的沃伊切赫·桑科夫斯基来到门洛进行了为期 6 个月的实习。他为我们做了很多贡献，当然也学到了不少东西，我们团队都很喜欢他。作为我们的第一位国际实习生，他充当了 IAESTE 和他的国家的形象大使，表现出色。我们唯一的遗憾就是他和我们在一起的时间太短暂了。

我们对这次实验的结果非常满意，于是在第二年招了两位实习生，实习时间为 12 个月。这次，我们迎来了来自北爱尔兰的费米和丹麦的迈克尔。第 3 年，我们申请了 4 位实习生。从那时起，我们每年引进 4 ~ 6 位实习生。到 2013 年年初，我们总共招收了 39 位 IAESTE 实习生。其中绝大多数对我们团队是非常好的补充。

这次实验也给我们带来了两个意外的、有价值的结果。当新实习生到来时，我们不得不去训练新人，即便是在业绩增长速度变缓的时候。这对我们非常有利。如果周围始终都是相同的面孔，就无法让我们感到满意和舒畅，因为它引发了我们对认知多样性的持续渴望。同时，IAESTE 实习生确保门洛招收的员工不仅限于本地的毕业生。

门洛宝宝

我们所做的最快乐的实验和软件扯不上一点关系。事实上，它是对我们员工的人性需求的一种回归，在某种程度上，今天大多数公司都差不多将它拒之于千里之外。

2007 年，刚加入门洛不久的特蕾西和她的丈夫有了他们的第二个宝宝玛姬。特蕾西带薪休了大约 3 个月的产假。一天，她来到办公室，告诉我她准备好回来上班了，但是玛姬还太小，不能放到日间托儿所，也没有人帮她照看。她为不知如何是好而感到困扰。

作为一位管理者、企业家和领导，接下来是我人生中的一个关键时刻。正当下一句话在我大脑中成形时，我发现头脑中有两个静默的声音在打架。

> "守旧管理者"里奇无声地尖叫着：我知道你要说什么！不要这样。这是违反规定的。人力资源部门会恨你的。"新式管理者"里奇则坚定地反驳道：这里本来就没有这种规定。我们也没有人力资源部。这是我们的公司，可以做想做的任何事。滚开！

"把玛姬带来。"我遵从了心理斗争获胜方的意见，"带玛姬来和你一起工作吧。"

如果我当时有一个照相机就好了，因为特蕾西的脸上满是困惑，但又显露着惊喜。她开始质疑这个疯狂想法的每一个细节。我的意思是偶尔还是每天都行呢？如果是每天，是不是意味着她可以让女儿整天和自己一起工作？然后，她环顾了这个宽敞开放的空间，这是门洛软件工厂，这里没有墙，没有隔间，没有办公室，也没有门。她问道："那么，我把她放到哪儿呢？"

"把她放到摇篮车里，你在哪儿工作，车就放到哪儿。就在你的旁边。"我推断，如果我们进行这个实验，既应该严肃对待，又要保持非常开放的态度。目前还不清楚实验是否容易，但是成功的潜力已经不容忽视了。

特蕾西接着问：“如果她吵闹，怎么办？”

“在这里吗？你听不到的！这里成天像一个嘈杂的餐馆。而且，我还记得养育自己小孩的日子。在他们那个年纪，是喜欢嘈杂的环境的。”

特蕾西坚持道：“如果她哭闹不止呢？”我很肯定她为我的想法感到兴奋，但是希望确认我考虑得够全面了。

回答特蕾西的时候，我运用了迄今为止在我的职业生涯中最乐观的管理智慧：“我相信你。你是母亲。我了解母亲。如果出现问题，你会作出正确应对的。”

接下来四个月的大部分时间里，玛姬几乎每天都和特蕾西一起来上班。玛姬对于我们的文化来说是一个很好的补充，因为她向我们和世界证明：没有什么实验想法是过于疯狂、无法想象的。此外，玛姬的出现为我们增添了快乐，让我们都觉得企业变得更真实、更人性化。在很大程度上，我的乐观想法得到了应证。当玛姬吵闹时，通常就像一串喜悦的尖叫声，是对办公室里所有活动和活力的回应。

当然，与任何其他新生儿一样，玛姬有时也会大声哭闹。这是我失算的地方，我没有想到团队成员对一个宝宝在办公室里出现会有什么反应。这个时候，很少要特蕾西亲自出马去安抚。团队成员会抢着说：“轮到我抱玛姬了。”有时，我也会在这种竞争中获胜。玛姬为我们所有人带来欢乐，作为回报，整个门洛都帮忙带她。我们甚至了解到，当我们把玛姬带去开会时，客户会表现得更好。如果房间里有小孩，顾客就不会提高嗓门或说脏话了。

格雷格（和宝宝玛姬）以及结对伙伴卡米尔，他们在同一工位上工作

我们做完玛姬这个实验后，认定宝宝能够很好地融入门洛的文化。玛姬、索罗门和莉莉是最初的三个宝宝。索罗门一直待到二周岁后；而且我们不得不为他建造了一个大型的游戏围栏，因为他待到能走路之后才离开。

从那以后，我们先后迎来了诺埃尔、艾比盖尔、卡琳娜以及现在的亨利和埃莉，足以组成门洛宝宝的八重奏了。我告诉门洛的所有父母，我的目标是让他们有机会看到宝宝那些珍贵的第一次：第一次翻身、第一次坐立、第一次微笑、第一次大笑……

办公室里有了小孩，就迫使我们开展其他的小实验，来支持一种对小孩友好的员工氛围。这也给业务往来带来了意外的收获。这个实验带来的我个人最喜欢的一个故事，与克里斯汀娜的长子索罗门有关。一天，我正抱着索罗门，克里斯汀娜背对着站在离我约 6 米的地方。突然，电话响了，索罗门开始动来动去，嗷嗷直叫。糟了。为了不影响听电话，我不得不喊克里斯汀娜的名字，但是她没听到。电话响了三次，即将转到语音邮件。我需要做一个决策，于是我拿起电话，而怀里还抱着索罗门。

如果你有小孩或者你和他们相处过，就知道他们对成年人和电话有一种敏锐的认知。他们似乎知道你被电话缠住了，当你把这个东西放到耳朵旁时，他们可以趁机做任何小动作。在接这个重要电话的前 30 秒内我就意识到自己会遭遇这个常见的问题，所以我认为应该直接坦白。

我对这位新的重要客户说："顺便说一句，你将听到有小孩的声音打扰我们。"

电话那头问道："哦，你今天在家工作吗？"

我实事求是地回答："不是，我在公司上班。"

她疑惑地问："哦，你带着你的小孩一起工作吗？"

我说："这不是我的小孩。"这样，我这个首席执行官有多么怪异就完全展现出来了。

"什么意思？"

我向她解释允许父母整天带他们的小宝宝来的做法。

“哦，我的天哪！”那位客户坚决地说，“我希望和有你这样想法的公司合作。”

我从未想过小宝宝会给我们的客户关系带来金钱价值。但是事实很显然，这个宝宝的存在也许帮助我搞定了一笔生意，因为那位客户对我们愿意跳出框架思维的表现做出了积极的回应。

此后，我们因为对工作中的父母提供支持而获奖，这些支持包括重视母乳喂养。我们对父母的支持也延伸到了时间上。通常，带宝宝去体检需要请假，宝宝生病需要父母在家照顾，以及随着宝宝的成长，上学或参加体育活动也需要父母拿出时间。我们的结对系统确保当团队成员因为私人事务需要请假时，始终有替补人员补上。

大多数不赞同这种特殊实验的人质疑的点在于，把小孩带到工作场地无法保证其安全。但如果你仔细想想，就会发现数百万年来父母带小孩的环境比门洛要危险得多，从这个角度来说，我们在保持人类繁衍上干得不错。这些小孩在离开门洛之前都得到了很好的社交锻炼。

我们的宝宝实验为进一步的实验充当了垫脚石。此后，我们还成功招待了大孩子以及狗。当然，在工作场所带小孩和养狗并不是这些工作或生活实验的唯一价值所在。

如果你是领导者，你的团队就会随时关注你。你说的是真的吗？团队会不断从你的言语和行动中找前后矛盾的地方。如果他们发现了这样的矛盾，你很快就会看到恐惧情绪抬头。少量的恐惧就能摧毁文化中的安全感，突然，它就会变为一种求稳的文化。

我们愿意以任何对企业和员工有意义的方式来拥抱每位团队成员的生活。并非我们开展的所有实验都像宝宝的故事那样充满快乐。有时候，团队成员的配偶或父母身染痼疾，或者遇上更糟的情况而需要他们照顾。这些私人事务让人痛苦，但是它们发生在现实生活中，企业需要抱着足够灵活、开放的态度来处理。每一个企业都有必要为员工处理个人生活所需的时间和精力腾出空间，这种关怀不能从商业角度去衡量。

回报就在尝试中

在尽早犯错的文化中，你所开展的实验能够也应该是快速和廉价的。这样一来，你就不会背上沉没成本思维的包袱："如果这个实验不能按计划取得成功就完了，因为我们负担不起对它进行调整的成本。"并不是所有的实验都会成功。企业能够接受这一事实，正是自信的领导力默默发挥作用的结果。在尝试中陶醉，在尝试中继续前进。

最有效的干法
JOY, INC.

1. 让每一个人都把精力放在解决问题上，而不是寻找担责的人。
2. 相比今天行动缓慢所犯的致命大错，快速尝试暴露出来的小问题更可取。
3. 尝试新事物应该从小处做起。这样，你就有开展廉价实验的空间，如果未能取得成功，也不会留下记录。
4. 沉没成本思维是当今企业变革最为隐蔽的一个障碍。
5. 为了让尽早犯错的企业文化走向繁荣，你必须抛弃人为恐慌这种管理工具。准许团队犯错误，让成员开始有安全感。
6. 在安全的文化中，开展一系列小实验。

Joy, Inc.

How We Built a Workplace People Love

Growing Leaders, Not Bosses

07 培养领导力，而不是老板力

太上，不知有之…… 功成事遂，百姓皆谓“我自然”。

——老子

美国阵亡将士纪念日前一周星期五下午的晚些时候，我们的一位资深程序员伊恩正在查看代码，他发现其中使用了一些非专业的词汇。虽然这并非极其严重的问题，但是这种问题让幼儿园老师看了都会觉得脸红。他做了一些数据挖掘，又发现了一些这样的代码。他把它们记下来后，转交给了项目经理，项目经理又转给了我。于是，我立即叫团队成员在培训区域集合。这是我召集过的最具挑战性的一次会议。

我对已经发现的情况表达了深深的失望，并要求所有人都利用这个下午余下的时间来排查，确定这个问题是普遍存在还是个别情况。为了迅速完成这项检查，到星期二能回到正常工作轨道，我们将需要周末加班。在门洛，没人想过周末加班，更何况是夏季到来的第一个小长假。这种令人痛苦的要求是从未有过的。

伊恩毫不犹豫地举起了手，自愿参加周末加班；他的结对伙伴尼克也一样。其他人也加入进来。其实，伊恩本可以理所应当地认为自己发现这个问题之后就完事了。**领导力不仅在于方便的时候强化核心价值，更在于那些价值受到损害时主动去解决问题。**看到伊恩有这样的表现特别让人满足，他和我们一起工作了很长时间，在他参加工作之初，是他已故的父亲大卫介绍进来的。他的行动提醒我领导力可以来自任何地方。

尽管我很容易就能找出是谁编辑了这些代码,但是我不打算引起一次“政治迫害”。将这样一次事件转变为一次相互指责的运动，会让我们失去一次成长的机会。在我本可以制订一个行动计划的时候，我停了下来，给其他人留下一个机会,让他们来领导。我希望团队成员能站出来领导,结果如我所愿。不需要任何人告诉他们该做什么。

最终证明那个问题并不广泛存在，也完全不会影响到系统的运作。随后的星期二，我们在展示说明会前把发现的问题以及处理情况告知了客户。客户也对此感到失望，但是为我们能如实相告和及时处理问题感到欣慰。

伊恩的故事是门洛培养领导者的典型事例。伊恩不是老板。他也没有领导的头衔，但是他在没有指令或授权的情况下领导了这项工作。团队跟随他的领导，被他关心企业的精神所打动。不，我们没有完全消除职位权力或标准的商务头衔，如首席执行官、首席运营官、首席财务官或者经理。但是，在门洛，领导力并不是由一个头衔或职位决定的，有些领导力是环境造成的。有些领导力随着影响力变大而增强，而影响力则是基于尊重和经验。

在我看来，在门洛领导得最自然的是那些包容和尊重他人的人。**这些领导者展现出一种沉着、耐心、平静的自信。他们践行情绪控制，允许受他们领导的人犯错误，同时确保这些人不至于陷入困境。他们温和又善解人意，是值得信任的老师。他们之所以成为领导者，部分原因是他们的资质和表现突出，部分原因是我们创建了一种文化：欢迎敢于和想要突破自我的员工领导其他人。**门洛人不需要靠职位或升职来确立自己的影响力。

在我们追求快乐的过程中，消除了等级。这并不容易，一些团队成员挣扎于我们自由和负责的领导风格。另一些成员希望我们这些领导直接介入，说明该怎么办。在短时期内，领导介入工作进展会更快，但我们是从长远的角度来看问题。领导力是一种艺术，它脱胎于不断练习相关技能。我们中极少数拥有头衔和高职位的人必须学会把每一时刻（无论是艰难时刻还是重要时刻）当成契机，看是否有新的领导者准备走出来，锻炼他的领导技能。也许，有些人是天生的领导者，但是我们认为所有人都具备这个能力。无论是哪种情况，都必须有一种领导的意愿和欲望。

让团队实现自我领导

我们接手过一个项目，对象是一家具有挑战性的客户公司，他们的行业是帮助其他公司评估企业文化。这些人已从业 20 年，他们做得非常成功，在他们所在的领域里倍受尊敬。但是，当他们尝试将一款新产品投入市场时，却陷入了僵局，一直卡了 10 年。而如果这个项目做得好，他们公司就可能实现 10 倍的增长。在他们自己的尝试失败了多次后，我们被叫来帮忙。我们很快就清楚地看到，他们的恐惧文化在扼杀他们感知问题的能力。这个盲点也妨碍了他们发现潜在的解决方案。

对此，我们提出了系统性的方法，客户对此感到沮丧。他们期望更为简单的答案。于是，他们开始向我们输出恐惧。最确凿的证据是，和他们开展的会谈毫无成果。会谈没有作出任何决策，而且他们会推迟下次会议的安排。他们的创始人大多时候都缺席会议，但是只要他来发言，团队的其他人就会在会议余下的时间里保持沉默。门洛的团队成员来找我，希望我能参加下一次客户会议，让事情回到正轨上。

这些成员知道我相信他们可以代表公司的价值观，自己运作了接下来的那次会议。结果非常顺利，米歇尔·P 后来告诉我，再次听到我信任他们，以及他们有权处理这些情况让人感到很欣慰。或许，我们有时必须炒掉一位客户，或者他们先炒掉我们，但是员工知道这永远不会被看作他们的错。这并不是说，我们完全没有过错，或者将所有的责任都推到客户身上。自始至终，我们都应该让客户受到尊敬。

往往，领导力最重要的时刻是在我们让开，由团队成员接手来领导之时。我们可以接受某件事情朝着你意料之外的方向发展，也可以并不完全支持。然后，再耐心地等待团队汲取这次经验，看到团队自身的领导才能在错误中获得发展。

多示弱

作为领导者，你的团队时刻都在注视着你的一举一动，查找其中的漏洞。他们非常想相信以及信任你，但是其他人曾让他们失望过，所以他们变得小心翼翼。你也曾让他们失望。我知道我曾让我的团队失望，但是我尽力让他们失望的次数保持在一周少于一次的水平。

我并不知道所有问题的答案。有时，我只是希望我找到了正确的问题。然而，我仍然乐意作决策。我也不希望成为决策过程中的障碍。有时，我的答案必须是“我相信你能够作出好的决策”。更让人快乐的方法是建立一种不需要你下命令的文化。事情过后，只是有人找到你，和你说“顺便说一句，我们今天作了一个重要的决策。如果你想了解任何细节，就来问我”。

领导最难做到的是记住你和公司其他人一样容易犯错误。这种易错性在任何时候整个公司的运营方式或出现问题的原因上，都会得到部分体现。在吉姆·柯林斯的《从优秀到卓越》一书中，他描述了伟大领导者的谦逊品质，那些伟大的领导者被他称为“第五级领导者”。我可以肯定自己几乎任何时候都不能通过这个测试。保持谦逊这种品质很难引起我们的重视，但是它非常重要。幸运的是，周围有许多关心我的人，经常把我拉回现实。他们是我的商业伙伴、团队的关键成员以及我的家人。

脆弱性和谦逊的很大一部分，源自一遍又一遍地听到你非常喜爱和满心相信的事物并非完美。我们和其他所有的公司一样拥有相同的问题。几乎每一个都有。我们在团队成员无法和谐相处方面存在问题；我们也会遭遇挑战，如几位创始人不能始终就公司未来的方向达成一致意见，如团队成员在我们是否在为客户做正确的事或我们是否正在坚持原则上出现分歧。我希望的是我们已经创建一个体系，让这些问题迅速暴露出来，以便我们能把问题消除在萌芽阶段。

我的目标是在所有这些微小的失败中，记住我们创建的这家企业是多么特别，也要提醒团队尽管面临着所有这些挑战，但我们仍然拥有许多其他人不具备的：**一种团队中每一个成员都希望在其中多待一天、一个月、一年、十年的文化。那是一股非常强大的力量。**

因为你并不知道所有答案，所以就有了在你的想法完全成型之前，和团队成员分享的谦逊品质。这些想法往往像婴儿一样，我们认为它们很美丽，但是这份美丽是在我们对未来希望的完美想象中看到的，是不现实的。

2011 年时，我根据自己所想象的 2018 年 6 月门洛的样子起草了一份个人愿景。其中大部分内容都只和我个人有关，它勾画的是门洛将如何对我和我的家庭生活产生影响。其中甚至提到了到那时我会有几个孙子孙女，尽管在 2011 年时我一个都没有。那份愿景中也涉及工作之外的元素，比如我会在密歇根北部拥有一个度假屋，这座度假屋也会用作门洛的年休之地。我详细地写到了年收入会是多少，我们会有多少员工，以及我们会在社区中有怎样的影响。我还设想推出了自己的第三本书《启示：创业的乐趣》（*Inspired: The Joy of Entrepreneurship*），这是一个大胆的宣示，因为当时我还没有开始写我的第一本书。

写完我的个人愿景之后，我拿去和整个团队分享，让他们知道我是怎样设想我们的未来以及我个人的未来的。如果我想为所勾画的未来赢得追随者，这就是第一步：**让它从个人愿景变为整个团队共有的愿景。**当我描述七年后的某件事情时，这个愿景的寓意就是我们必须赶快开始改变。简言之，我是在和那些能帮助我的人分享个人的重大抱负。如果他们不赞同，该怎么办呢？如果他们不想加入，又该怎么办呢？这是一个脆弱的时刻，但是我知道如果这种愿景想要成为一种共有愿景，就必须与大家分享。虽然你的想法还处于初步设计阶段，但是通过分享，你就能摆脱掉“这是我的想法，是不是很棒？我是不是很聪明？”的感觉。这对于像我这样的工程师尤其困难，我的自负往往是因为别人将我视为公司中最聪明的人。可是，事实是让更多人的思想参与进来，我的大多数想法就会得到很大的完善。

团队成员并不是很清楚如何拥抱这一愿景。我敢肯定他们对于其中一部分内容是赞同的，对其他的部分没有把握。或许，当时并不清楚它对他们会有什么影响。例如，愿景的一项内容是成为新生企业的一个孵化器。这可能涉及大量工作，如果你对这种事情并非特别感兴趣，如何去参与呢？

如果愿景不被分享，那么就没人知道它是否适合自己。深入探讨你的愿景也会让其他人有机会作出回应，以及参与进来加以改善。在此期间，一个人的个人愿景就演化成了一个团队的共同愿景。

虽然这是一个罕见的例子，因为我没有经常和人分享七年愿景的习惯，但它代表了一种领导方式，即“我不够聪明，不知道所有事情的答案，我愿意接受我的个人愿景也许不正确”。简单来说，“我需要帮助”。

鼓励新生领导者

内特是我们的一位软件开发人员，在公司待了几年了。我和他进行了一次持续的讨论，内容是我们的职业生涯开端非常好，激动人心，因为我们幸运地在年少时接触到了编程。我们感叹不是所有的初中、高中学生都有类似的机会，甚至像安阿伯市这样的大学城也是如此。

之后，内特在门洛开设了一个针对 8 ~ 10 岁儿童的软件夏令营。他召集了一些外面的朋友来筹备课程和设备。计划是让这些儿童在暑期每周来门洛待几天，使用 Python 编程语言侵入计算机游戏《我的世界》(*Minecraft*)。他开始用门洛员工的小孩来做实验，看看他们是否喜欢。结果发现，他们很喜欢。我的一位客户格伦来参加展示说明会时，看到孩子们在培训区域工作，问我们是怎么回事。我们向他解释了之后，他立即就问自己 10 岁的小孩是否能够报名参加这个夏令营。

如果你的团队成员在你面前展示出灵感或激情的火花，那么就要支持他们。在他们展开追求时，你要鼓励、支持他们实现梦想。这是支持某个人发展领导才能的最佳方式。

约翰一开始是一名程序员，他很快获得了团队的信任。他擅长编程，也是一个很好的结对伙伴。在我们急需高科技人类学家的时候，约翰被招募来尝试一下。他毫不犹豫地接受了挑战，并且实现了超越，在这个岗位上做了很长一段时间。开发人员都重视他，抱怨他被偷走了。

然后，约翰提出自己是否能尝试做项目经理。我们说，当然可以，为什么不行呢？当项目经理丽萨去和丈夫休长假时，约翰就能够补位，代她完成项目经理的工作。他干得很不错，等到丽萨一回来，他就又回到程序员的角色中。

我们欣赏约翰这样的人为我们提供的灵活性。他愿意尝试新事物的热情提升了他的领导能力。现在，他对团队其他角色所面临的挑战有了全面的认识，这让他能够在需要的时候切换进入领导模式。

我和詹姆斯在门洛发挥的最重要的一个作用，是鼓励和支持其他员工的领导才能的发展。这并不像听起来那样简单，因为有时候一个崭露头角的领导者和我们对领导才能的愿景之间有着非常大的差距。社会教导我们领导吩咐，追随者听从。在门洛，我们不信奉这种领导风格。我们谋求培养儒雅的领导者，而不是校园恶霸。

在门洛，新生领导者测试他们刚产生的领导技能时，必须体验安全感。否则，他们自己的恐惧就会很容易影响到其他人，它会偷走所有人的创造力、想象力和快乐。

可以说，员工的恐惧只来源于公司内部或领导层。而在经营过程中，任何地方都可能带来恐惧：竞争对手，员工差劲，有了优秀的员工却时运不济，经济动荡，空头支票，未收讫发票，市场变化，晚间新闻，流言蜚语。冷静、考虑周到的领导方式，能对疏解真实存在的恐惧起到很大作用。

一个在门洛重复出现的经典场景是客户把恐惧带进来，而我们的头脑中镌刻着那条由来已久的准则：顾客始终是对的。

不，不是这样。实际上，顾客很少是对的。如果顾客始终是对的，那他们为什么需要我们呢？对于我们这样一个公司，这一点尤为正确，我们的客户要求我们在他们的领域中创造一种全新的产品，而他们往往是自己领域中的专家和主导者。他们所搜寻的是新的、引人注目的、具有竞争力的东西。我们的困难主要集中在他们自己公司中存在的改革阻力，而不是提出令人愉快的创意。

因此，我们必须捍卫我们根据自己的经验、才能和专长认为是对的东西。这些有益的抗争需要，基于我们从观察和设计的迭代测试中发现的情况。顾客往往希望我们做力所能及的事，除非我们提出异议。这种建设性的冲突艰难而重要，是我们发挥所有价值的关键所在。

然而，我的团队清楚如果我们立足于我们的信念、专长和经验，坚持立场绝不动摇，顾客也许会炒了我们。如果顾客解雇我们，他们甚至也许会连带拒绝支付未付款项。坚持信念可能让我们所有人付出惨重的代价。

在其他情况下，我们也许不得不炒掉顾客。在门洛，拒绝客户并非没有过。几年前，我们曾有过一家重要的客户，我们感觉和他们在文化上存在代沟。我们尝试了能想到的所有方法，来让他们步入我们认为的最适合他们的轨道，失败之后，双方都承认找不到契合点，然后我们制定了一个周到的过渡计划，避免他们被弃之不顾。

虽然这一决策意味着收入减少，利润降低以及发展变慢，但是这也许是我能为加强我们的文化建设所作的最重要的决策。这并不容易，也并不干脆。和员工离开一样，我们必须要给予尊严和尊重。我必须说，成功将这位客户的工作从门洛过渡出去的这个计划，最让人满足的方面是我们和那个项目的支持者仍是朋友，他们仍然不时地来向我们咨询建议。我们甚至还帮助他们招聘必要的员工，填补由于我们的离开造成的人力缺口。

你的团队和我的团队都会用眼睛看，用耳朵听，感受和观察他们的领导在这些艰难时刻中的一言一行。这就是快乐文化的关键所在。

最有效的干法

JOY, INC.

1. 领导力并不是由一个头衔或职位决定的。有些领导力是环境造成的。有些领导力随着影响力变大而增强，而影响力则是基于尊重和经验。
2. 领导者应展现出一种沉着、耐心、平静的自信，而不需要靠职位或升职来确立自己的影响力。
3. 记住，领导者和公司其他人一样容易犯错误。
4. 如果你的团队成员在你面前展示出灵感或激情的火花，那么就要支持他们。

How We Built a Workplace People Love

Joy, Inc.

How We Built a Workplace People Love

End Chaos, Eliminate Ambiguity

08

明晰流程，终结混乱

做可能有效的最简单的事情。

——肯特·贝克:《解析极限编程》

在Java工厂建立之前，我在接口系统公司担任副总裁的日子完全乱成了一团。公司召开董事会时邀请了我，让我为自己领导的研发团队做季度“部门状况”展示。在会上，我会介绍上一个季度的目标和取得的进展，也会提到我们所做的计划外的事情，并提出新目标、新计划，以及说明那些目标和公司其他部门的关系。展示结束后，其他高级主管通常会对我的团队因为意料之外的任务，而未能达成前一季度的既定目标表示有些失望。然后，他们会对新规划表达泛泛的鼓励，还会不无担忧地就保持正轨的重要性发表一些评论，因为他们部门的所有计划都取决于我们团队的执行情况。

我前脚刚走出会议室，就会有某位副总裁或产品经理把我拉到一边说：“里奇，展示说得不错。不过，还有一件事我想和你说一下。我需要阿伦为一个顾客完成一项特别更新。如果他能在星期五完成，我们就能成交。”范围蔓延即刻上演。

当然，最初，我单纯想着做个乐于助人的好人，所以我总会想办法完成那项工作。后来，我才认识到这种走廊式的项目管理方式对我的工作不会产生任何好处。这也会给程序员带来灾难。每个季度，我们实际执行的任务清单和我之前订立的目标几乎无关。于是，我尽量当着首席执行官的面让所有人在会上都认可定下的目标。很快，大家的一致认可在走廊上被推翻，真正的项目管理工作在此才刚刚开始。

最后，其他高管发现他们确实不需要和我闲聊。我团队工作的优先顺序，大多是在保龄球和高尔夫球赛或工作之余的酒桌上确定的。有时，我早上来办公室，会发现我手下的程序员正在为一项不是我指派的任务忙碌。

无论当前的任务经过什么渠道排入我团队的工作列表，我都要做。其他同事都在催促，因为所有事情都远远落后了。他们想知道这些新的优先事项什么时候能够完成。我手下的开发人员并不擅长做估计，他们通常会用到一个有着悠久历史却用处不大的估计标准——“三两天”。

当我听到有团队成员说完成一项任务需要“三两天”时，我就会想，不错，这个人这几天都有得忙了。三天之后，我再来检查，询问情况时，通常会听到一句充满热情的：“很好！”我一听，不错。直到我检查前面提到的两天的任务时，我才发现这个小项目分毫未动，一如我之前布置下去时一样。通常，他们在这个时候会解释说被某项意外工作打断了，通常是一项紧急的客户支持事务，让他们把精力从那个“三两天”的项目中转移开了。

等到这种事情上演两三轮之后，我才开始要求他们做出更为严肃的估计。这时，我听说这项工作比开发人员最初预计的要难一些，而现在他对这个项目有了更好的了解。他把预计的时间延长到了两周。这样，我心里有了底。通常，接下来他还会推说几次距离完工还有两周。

最后，那位程序员会抛开其他所有事务，给出一个估计：三个月。最后这一次估计让他获得“超脱”，在这三个月里，没有人会打扰他。

公司其他部门不是一个团队，而更像是一群混战的领主。如果不是因为这样，公司的整个系统实际上是有可能实现正常运转的。每块领地的伯爵实际只关心完成自己的项目，没有人真正知道真实的情况，包括我。

此外，程序员们通宵达旦地工作，已经精疲力竭，但还要设法兑现他们工作之余所做的个人承诺，由此引发的质量问题让局面变得更加复杂。我们的支持热线因为问题不断而响个不停，我就不得不让我的团队将更多的精力投入到售后服务中。然后，我会因为有一支产品质量差的团队而受到打击。这就是任务不明确所造成的混乱。

我很高兴地宣布在门洛这样的问题一个也没有，在门洛的整个历史上也没有出现过。我们许多访客的故障热线每天接听的电话轻易就能达到 300 个，而门洛成立 12 年以来接到的紧急呼叫总共也没有几个。我的团队记得的最后一个真正“把其他事都扔下”式的紧急呼叫电话还是在 2004 年。

在门洛，我们能消除混乱的原因很简单：我们的运营带有简单明了、可以预测的特点。

把工作写下来

在门洛，最强硬的一条规则是除非先把工作写在一张长 21.59 厘米、宽 13.97 厘米的索引卡上，否则我们不会开展客户项目的工作。这张卡片的内容简单：项目编码名称、顺序号（每个项目从 001 开始，依次往后推）、简短的标题和一段简短的描述。该描述定义了该卡片的工作对成品软件的影响。所有的故事卡必须有书写人员的签名和日期。任意团队成员都可以填写卡片。特殊情况下，也可能由不属于该项目组的团队成员填写，也有可能由客户填写。

一旦卡片制作完成，就会把它交给项目经理。项目经理的桌子上有一个收集这些新索引卡的箱子。在我们的系统中，由项目经理分配故事卡的顺序号，避免出现重复。

这种简单的工具杜绝了走廊式项目管理的可能性。如果不把工作写下来，那么新近提出的要求就只是一次对话，而不会付诸行动。在门洛，每一个人，包括我们的顾客，对这一点都非常清楚。

亲手写一张故事卡

做好工作预估

填写一张卡片并不意味着上面的工作就会得到执行。所以每种文化中都有一种明确的决策模式来判断特定任务将花费多少时间，该模式很重要。

在门洛，每张故事卡都必须由负责该项工作的人员来做估计。这一幕发生在我们每周的估计会上。估计一旦做出，他们就会如前文中介绍的规划折纸技术那样，将估计卡片的复印件按照时间长短折叠成相应大小的规格。然后，再将折叠好的卡片放在一张规划桌的顶部，旁边还放着一些空白的规划表。这些空白的规划表和客户每周的预算相对应，每一张规划表代表着该项目每对结对伙伴的资源预算。每张规划表上都有一个空框，空框里可以容纳32小时的折叠故事卡。我们把其余的8小时留出来，花在流程的标准化作业上：2小时用于每周估计，2小时用于和客户的每周展示说明会，2小时用于团队每周的立项会话，1小时用于每日站会（一周5天，每天12分钟），还有1小时用于其他的团队交流。

展示你正在做和不在做的事

我们在内部完成估计工作之后，客户就会参与进来评审估计卡片，并在规划策略过程中对它们进行先后排序。如果一张卡片排入了该周的一张规划表，就表示客户授权我们执行这张卡片上的工作并让我们为那份工作开账单。

也许更为重要的是，如果桌子上还留有一张卡片没有放到规划表中去，那么显然这项工作没有得到授权，也就不会被执行。这种简单的视觉系统让一些访客为这种方法明白、可取而开心大笑。从根本上说，他们恰好见证了走廊式项目管理给他们的惨痛生活造成的冲蚀破坏。在世界各地的公司走廊里，许多决策都是在非正式对话中作出的。通常，这些决策都没有得到记录。同样，人们通常也不会评估这些决策对所有其他已有的优先事项可能的影响，而直接将它们列入必做的事件清单。这样，就埋下了“死亡行军”的种子。

客户知道他们不能在下一周过来问为什么没有做特定卡片上的工作。如果他们希望把它纳入规划，他们就把该张卡片放入规划表。就这么简单，就这么明白。我还没看到有别的项目管理系统能像我们的这样，清楚地展示你决定做和不做的事情。

记录决策

当规划决策制定好之后，我们的项目经理就会采取正式的“变更管理”，这样我们都能确定这些决策得到了适当的记录，为未来的进度报告提供方便。我们使用3M公司的思高透明胶带技术，将折叠卡粘贴到规划表上。这项技术的科技含量非常高。

现在，无论是程序员、高科技人类学家、客户或是团队中任何成员，每个人都能从表中清楚地看出我们针对项目中要执行的工作作出了什么决策。我们为自己的文件制作了规划表的PDF文档，并用邮件发给了客户，让他们也有自己的决策记录。

明确分工

一旦客户选定他们想要我们在某一周完成的卡片，项目经理就将那些卡片的副本钉在墙上，上面贴着一条索引卡页眉，页眉上写明了这项任务被分配的结对成员的名字。

在门洛，这就是工作获得授权的唯一方式。所有人都清楚。我们确切地知道一张故事卡分配给了谁。任何人都可以走到墙边，查看科里和韦斯本星期正在做什么。

将这个体系与世界上大多数企业（也许就是你每天工作的地方）的决策和任务分配体系比较，结果如何呢？如果是像我过去混乱的工作那样，许多任务都是通过会议被分派下去。会议室里有一块白板、一个活动挂图和笔记本或笔记本电脑。由一个人主持会议，讨论内容散漫、宽泛。你也许把时间花在争取和鼓吹工作项目上，或者争论谁应该获得哪些任务和某个截止日期应该是哪一天。当会议室预订时间快到了，会议主持人会说：“好，那么我们看到了同一页，是吗？”

究竟是哪一页呢？是会议室前面的白板，还是六张字迹潦草的挂图页中的一页？是某人笔记本上他们对最后一小时讨论的记录的一页，还是持完全不同观点的某人在笔记本电脑上打开的一页？如果我在会议开完五分钟后单独去找每一个人，问他们会上做了什么决策，我能得到两份对得上的答案吗？如果我问决定不做哪些事，会有人知道我说的是什么意思吗？另外，人们究竟在什么时候开始着手做会上讨论的工作，又究竟是谁来做呢？

在门洛，我们的决策不会存在任何模糊不清的地方。我们使用简单的纸质工具来回答所有这些问题，无须多浪费力气。

以简单系统应对复杂工程

我们不仅使用这些简单的工具来管理每周一次的任务或短期项目。连历时几年、价值几百万美元的重大项目也是使用相同的方法规划、组织和跟踪。甚至我们最复杂的系统，即那些按照美联邦准则构建的系统也采用了故事卡的方法。

其中，有一个项目我们做了 7 年多，投入将近 20 万个小时。故事卡的总量接近 1 万张。一些人对我们能够使用一个纸质系统记录这么多的卡片感到惊讶。首先，我们确实有一张 Excel 表格记录每张卡片名称、编号以及处理结果。任何时候都只有不到几百张卡片是正在使用的，而其余大多数卡片都已归档。无论如何，我们从没见过哪个电子系统在跟踪项目上比故事卡系统效果更好。

但这并不是说，我们对灾难预防没有认识。门洛使用了简单的高科技手段作为预防灾害（如火灾、洪水）的保障措施。我们使用了几年的复印机都能读取和复印出一大堆索引卡。这些 PDF 图片被存储在我们的服务器中，每周也会把它们发送到客户的邮箱。我们还在本地银行保险库离站存储位置中存入了备份磁盘包。

优化新旧项目的时间占比

在接口系统公司 Java 工厂成立的早期,纸质规划系统取得的效果非常好,但是我仍然有这样一种困扰的感觉：我们在老产品上花费的时间过多。这对团队完成市场和其他高管都需要的新产品形成了阻碍。

我将这些担忧告诉了鲍勃·尼禄。他说他知道我能够应对这一挑战，并想办法把它解决掉，以此来让我安心。显然我并没有让他明白这个问题究竟有多么严重。鲍勃很忙，因此要让他看到具体层面的事情，以致给他造成足够的震撼，继而对优先事项产生重大影响是很困难的。

詹姆斯有一个想法，把所有老项目维护故事卡都抄写到亮粉色的纸上；而所有其他故事卡都是白色的。这样，当规划完成后，就可以明显地看出老产品所需的维护工作时间超过了我们团队所有工作时间的 50%。你只需看规划策略表上的粉色部分有多大。

一天下午，鲍勃走进 Java 工厂和我一起检查，他很快注意到亮粉色卡片占据了规划表一半的内容。它们轻易就进入了他的视线。他问我亮粉色代表什么。我告诉他那些亮粉色卡片代表我所担心的维护工作。

鲍勃悲叹道:“什么？那超过了你的团队工作的一半！”

随即，他走到桌子面前，随意拿起一张粉色卡片，看了看上面要求我的团队做的工作。那项工作是我们的销售人员艾德授权的。鲍勃把艾德叫出Java工厂，他要求艾德告诉他为什么要做那项工作。它到底有什么价值？艾德告诉他如果我们完成那项工作，美国国际商业机器公司（IBM）就会给我们下一张订单。鲍勃把那张折叠故事卡递给艾德，让他去IBM那儿要一张附带条件的购买订单，其内容是如果我们实现了那项功能，IBM就承诺购买升级版的产品。后来，那张订单没有拿到，所以我们马上抽掉了那张亮粉色的卡片。

鲍勃看到规划表上的那个空白位置非常高兴，他说："里奇，一定要拿一张白色卡片放在那个空白位置。"

简单明白的工具为有意义的对话创造了机会，而不会被技术迷惑。现在，我们需要确保不放过每一个这样的机会；我们不能死等星期一早上的进度报告会。这样的对话必须在需要的时候创造机会以使其发生。我们的环境、文化和流程确保了这一点。

一旦决策制定并明确宣布之后，我们就必须确立规范，以确保该项工作严格遵照原则完成。只有这样，你才有可能获得足以让人自豪的高质量产出。

最有效的干法
JOY, INC.

1. 运营要有简单明了、可以预测的特点。
2. 如果不把工作写下来，那么新近提出的要求就只是一次对话，而不会付诸行动。
3. 所以每种文化中都有一种明确的决策模式来判断特定任务将花费多少时间。
4. 清楚地展示你 决定做和不做的事情。
5. 确定决策得到了适当的记录，为未来的进度报告提供方便。
6. 所有人都确切地知道某些任务分配给了谁。

How We Built a Workplace
People Love

Joy, Inc.

How We Built a Workplace People Love

Rigor, Discipline, Quality

09 树立严格规范，实现最高效的成果

所有人要求的只是一个自豪地工作的机会。

—— 爱德华兹·戴明（W. Edwards Deming）

在门洛成立早期，我们曾为一家大型地区医院的移植手术部门做了一个病人信息管理系统。项目进行几个月之后，医院的合同管理员知道了我们采取的是结对工作的方式。我们在这方面从来没有做过隐瞒，只是她之前没有密切关注我们的工作细节罢了。于是，我被叫到她的办公室。

“我得知你手下的人两人共用一台计算机工作。”

“没错，是这样。这是一项叫作结对编程的技术——”

她突然打断了我，知道这两个人的工资是否都由她来出。我明确告诉她，是的，从事这项工程的每一个人的工资都会算在这项工程的账上。然后，她命令我写上停止使用这种工作方式，不过接着又问为什么我们会采取这种方式工作。

我说，我们采取这种工作方式的原因和她的医院结对工作的原因相同。当时，我的女儿因为在一次足球比赛中摔倒而造成严重骨折，刚刚经历了一次大手术。在手术之前，负责手术的外科医生是两个一起出现来做自我介绍的。麻醉师和护士也是一样结对工作。

“那是因为你女儿的生命处于危急关头，我们才这么做。”她回答道，试图以此来堵住我的嘴。

我解释道，对于正在为她的公司做的系统，如果我们把基本的移植手术的人体组织类型都弄错了，就会导致患者死亡。同样地，我们认为如果没有那种原则和风险检查，也有可能危害到人们的生命。结对工作所达到的质量对我们行业和她们行业一样重要。

此后，对于结对编程的质疑再也没有出现过。

2012 年，我看到一则故事，讲的是骑士资本（Knight Capital）最富天才和最资深的技术人员在更新服务器软件时犯了一个错误，而那个服务器负责控制公司的自动交易系统。在接下来的 45 分钟时间里，那个简单的技术错误导致了价值 70 亿美元的股票交易出错，造成骑士资本损失超过 4 亿美元。我不能说结对工作一定能避免这个错误，但是它可以大幅地降低其可能性。现在，软件融入了万事万物中。它控制了你的汽车、商务航班、核反应堆、银行系统、股票交易系统和咖啡厅。软件错误可能给个人、公司和经济带来巨大风险。其他行业也存在相同的风险，你的行业也有可能。一份不正确的专利申请可能让一家公司接连几年耗费大量金钱；一个警察瞬间的抉择可能就决定了他自己或一位无辜旁观者的生死。

结对工作提升了工作质量和人们对细节的关注，尤其是在精神紧张、压力大和身体疲惫的情况下。下一次你登上商务班机的时候，问问自己如果往驾驶舱里偷瞄一眼，发现只有一位飞行员，会有什么感想。想象一下，接着机长拿起对讲机，解释说副驾驶员今天打电话来请病假，因此将由他一个人驾驶飞机。他进一步说道，尽管目的地的天气状况不佳，而且我们都因为小孩生病整晚没睡，但是他有信心让飞机安全到达。我敢打赌那些坐在出口处的乘客听到这些话之后，会立即想弄清楚怎么打开安全门的。

找到你所在行业的规范

因未能引进新的、严格的质量管理规范而引发的最可悲的一次事件，发生在19世纪中叶的维也纳总医院（Vienna General Hospital）。在研究中，伊格纳兹·菲利普·塞麦尔维斯（Ignaz Philipp Semmelweis）发现洗手和在这里生产的母亲们的存活率有重要的联系。实习医生和他们的导师经常刚接触过尸体，不洗手就来帮忙接生了。塞麦尔维斯试图建立一种洗手的规范，避免母亲们因感染而死亡。他的这一尝试没有成功，因为医生们坚持这并不是问题，他们太忙，时间太重要，根本无暇顾及这种愚蠢的要求。

塞麦尔维斯遭遇的这种无情的指责摧垮了他的精神。到了1865年，他变得抑郁，还遭受了大量的非议。最终，他被送进精神病院，此后不久即离开人世，终年47岁。当然，我们现在知道了这是个悲剧，塞麦尔维斯是对的。在他的行业中，严格和原则本可以挽救许多人的生命。在他的时代，他对质量的关注遭到忽视，但是却成了今天我们卫生系统中的标准。

因此，你必须寻找自己行业中的“洗手规范”，并严格遵守。你能够引进什么质量管理规范，既能体现你的价值观又能保证你的团队组织有序和有安全感呢？对于飞行员，那就是核对表；对于餐馆，就是洗手和发罩；对于血库，就是详尽的调查问卷和系统的筛选；对于连锁药店，就是自动化的药物作用警告；对于食品行业，就是保质期。

需要采用什么方法、什么规范和什么原则，才最有可能自豪地工作？换言之，我们到底要如何来开展工作？

许多来参观门洛的人看到了我们古怪的工作场所展现出来的轻松和乐趣。这种环境会给他们留下一种印象，即我们对工作质量持着一种自由放任的态度。但是，事实并非如此。我们的严格和原则隐藏在你所看到的门洛的表面背后，它们让我们的产品质量达到了空前的高度。

无论你管理的是熟食店、医院、航空公司、消防局、汽车制造厂、马戏团、专利业务，还是软件公司，严格和原则的质量效应都是头等大事。如果你知道自己从事的是你能做的产出质量最佳的工作，就会在工作中感到自豪。那么，我们如何能确保自己有机会获得这种自豪呢？

伟大的团队依靠的是原则

在门洛，和所有保证质量的规范密不可分的，是我们呈螺旋状上升的士气。这股士气，来源于知道自己在一种安全且尊重优秀员工的环境中工作这一认识。

严格和原则是难以坚持的，而嘴上说说“明天，我会做得更好”却总是很容易的。但是，永远不要寄希望于明天——我们今天采取的行动才能带来改变。如果你能够让手下的整个团队都遵循规范的程序，使用全体都认可的严格方法，就会取得明显的效果，即使严格难以保持，士气也会大增。快乐的种子正是在这些严格的时刻种下的。当你的团队享受他们劳动成果的时候，就会产生一种无法否认的满足感。这可以鼓舞士气，让每个人都愿意再来一次。

对我们来说，一个严格的方面是：我们的程序员必须在编写代码进行测试之前先编写自动化单元测试。大多数程序员只想着手编写代码，相信自己的工作干得不错，认为没有必要为代码编写自动化单元测试。放弃这个习惯非常容易，但是它对我们追求的代码质量至关重要。我们的原则要求在编写代码之前先编写测试，它确保我们每次都按这个流程执行。

1980 年，我在生产数据系统公司（Manufacturing Data Systems, Inc.，以下简称 MDSI）开始了我在安阿伯市的第一份编程工作。这家公司是小镇历史上成就最大的技术公司之一。当时，我还在密歇根上学，所以在毕业之前这都是一份兼职。在 MDSI，我的周围都是一些大人物，包括拉里·佩奇的母亲格洛丽亚，她在这里做程序员，还有托马斯·诺尔，他后来编写了 Photoshop。

那时候，我们行业的发展形势十分喜人。我加入 MDSI 的那个夏天，公司已经启动了一个很好的实习生上岗培训流程。他们教给我们的一些规范的编码标准，我至今仍然记得。其中最不寻常却激动人心的标准之一就是今天所谓的“测试驱动设计”。简单来说，就是程序员为他们即将编写的代码先编写自动化测试，然后再编写代码，最后他们运行测试，确保代码能够通过。

这对质量的影响是前所未有的。这一严格要求确保了低级的人为错误能被自动发现，而不必记住所有易出错的琐碎之处。这就像在你的车库住着一位汽车修理师。每晚当你睡觉的时候，这位不知疲倦的修理师就在检查轮胎气压、转向连杆、制动衬片、油品质量、汽油箱、空气滤清器质量、窗户可见度、电力系统，以及确保每一个螺栓和螺母都拧好并处于最佳状态。有了这种维护，你的车可能能够行驶 160 万公里，但这一点并不是最重要的。我们假设你开车去工作的途中要经过 80 公里的冻土地带，那里没有手机信号，任何机械故障都可能让你在救援到达之前被冻死。想想这个画面吧！

在MDSI完成这个夏季实习生上岗培训过程之后，我被分配了新的部门任务，在新上司按时的指导下忘记了测试驱动设计这条规范，因为我们有实际工作要做。直到肯特·贝克和马丁·福勒（Martin Fowler）2000年在《重构》（*Refactoring*）一书中向编程界重新引进这个概念，我才又看到了这种规范。

在门洛，自动化单元测试框架的严格应用是我们共同信念系统中最强有力的一条技术原则。新人接受上岗培训时，会由他们的结对伙伴教授这种方法。由此，质量得到提升，士气大涨，生产力也跟着上去了。原因就是我们确信严格遵守已经得到验证的东西，能够更快地向前推进。这些测试可以帮助我们找到那些错误。

金爵曼的熟食店拥有自己的质量测试系统。每一次和店员交互时，都会向顾客确认订单。当你点完菜的时候，订餐员会向你确认。当你付账时，收银员也会向你确定一遍。上菜时，又会再确认一遍订单，以确定无误。在金爵曼，每一次每一个员工都会这么做。你能想象这为它创造了多少商誉吗？这种程序并没有提升食物本身的质量（对此，金爵曼有不同的流程），但是它让顾客体验保持在可能的最高水平。对于严重的质量问题，显而易见的答案往往容易被忽视。

确保每一个小部分正确，也并不意味着整个系统能运作

尤其是对软件团队来说，另一个经典的问题是：系统是由许多人一起合作完成的，而每个人仅负责自己被分离出来的那一小部分。当项目快结束，

所有部门的工作成果最终集成在一起时，问题才得以出现。这种集成通常会成为项目后期所有项目计划都未曾预料到的一场灾难，非技术出身的高管甚至不明白他们价值几百万美元的至关重要的项目究竟发生了什么。

为了避免这种后期集成的危机，整个团队通过不断将各成员正在做的部分集成，来检查他们的工作是否相契合。我们从未经历过后期出现意外的情况。如果各部分集成时产生问题，我们就会在仍有充足时间和预算的时候发现它们。如果只在项目末期开展这项工作，那么大多数软件团队都无法挺过这种不可避免的灾难。结果就是高管们取消项目，解散团队。虽然我不知道福特耗资 4 亿美元的珠峰项目被取消的内幕，但是我轻易就能想到集成问题是一个因素。在我们行业中，每年浪费在胎死腹中的项目上的资金达数百亿美元。

现场音乐晚会也有类似的挑战。在筹备阶段，管弦乐团排练乐谱，演员们练习歌曲和台词。舞蹈团进行舞蹈编排，舞台工作人员、灯光师以及其他后勤人员则忙于各种重要的幕后细节。如果晚会正式开始之前不进行一次完整的彩排，无疑会出现灾难。虽然每一个人的表演都可能很完美，但是观众看到的将是一片混乱。经验丰富的导演深谙此道。他们在整个过程中不断开展小的排练，在缺陷还不明显的时候把它们解决掉，一直持续到最后晚会完整地呈现出来为止。

执行和完成整个团队的任务必须有团队合作和信任，而团队合作和信任则需要系统性协调的原则。在这种水平的原则和严格确立之前，完成工作的唯一途径就是通过少数个人的英雄式努力。我们早已目睹过一种文化将所有赌注都押在英雄和“知识高塔”上导致的后果。

经常让客户看到实在的成果

我们知道的能长久测试系统以发现缺点的最佳方法，是和客户分享我们的工作。我们让他们参与到测试和集成过程中来，在多个阶段体验我们的工作成果，这样他们就能在开发的时候直接看到我们的工作质量。

每周的展示说明会结束后，我们会把一张存有完整集成系统的CD或DVD寄到客户家里，以便他们有机会更深入地了解当前完成的工作。这是为了进一步确认我们的集成工作有效。每星期交付的意义在于简单切实地强化我们的观念，即演示文稿、进度报告、阶段关卡委员会评审等等不能取代交付可工作的软件这一工作。在每次展示说明会之后，我们都要按照原则交付这一材料。

无论是谁在自家建住宅时，都会经常去工地现场查看工作进度——有些人甚至每天都去。难道他们擅长建筑、木工、砌筑或管道安装方面的工作吗？当然不是。他们之所以去察看，是因为在房间里到处看一看，驻足已近完工的厨房（一家人将在这里用餐），或从窗户上俯瞰后院的池塘，这些是口头语言或书面文字所无法替代的。人类喜欢亲眼所见、感觉和触摸与他们有密切联系的事物。阅读进度报告、观看幻灯片或察看甘特图得到的信息，都不能代替实地参观一栋在建的房子或接触在开发的软件所能带来的实际感觉。

运动团队都有一套程序，按此来树立严格的作风和原则。最好的团队都专注于这些程序，不仅身体力行，而且真心认同。普通的团队口说不做；他们对这些程序只是走过场，但是并不相信。他们的区别可以从排名中看出来，也可以从赛场上感觉出来，站在看台上就能够感觉到。最好团队的骄傲、荣耀、激情和活力源于长期存在的严格与原则之传统，这些传统造就了那些为人称颂的故事。

严格、原则以及质量强化了你公司为什么存在的定义。对于这一概念，西蒙·斯涅克（Simon Sinek）在他的《从为什么开始》（*Start with Why*）中做了优美的探讨。西蒙·斯涅克解释说，所有公司都知道它们在做什么，一些甚至知道它们是怎么做的，但奇怪的是很少有公司知道它们为什么要做它们所做的事。你的公司的为什么直指你的目的、你的使命以及你的信念。如果你能达到这种质量水平，你就能实现大多数公司认定的终极目标：一种文化和一家公司的长期持续存在。

最有效的干法
JOY, INC.

1. 严格、原则以及质量强化了公司为什么存在的定义。
2. 无论你管理的是熟食店、医院、航空公司、消防局、汽车制造厂、马戏团、专利业务，还是软件公司，严格和原则的质量效应都是头等重要的。
3. 和所有保证质量的规范密不可分的是呈螺旋状上升的士气。这股士气来源于知道自己在一种安全且尊重优秀员工的环境中工作这一认识。
4. 让手下的整个团队都遵循规范的程序，使用全体都认可的严格方法，就会取得明显的效果，即使严格难以保持，士气也会大增。
5. 整个团队通过不断将各成员正在做的部分集成，来检查他们的工作是否相契合。
6. 执行和完成整个团队的任务必须有团队合作和信任，而团队合作和信任则需要系统性协调的原则。
7. 最好的团队都专注于严格的程序，不仅身体力行，而且真心认同。

JOY,

第三部分

明确 5 个超强行动力原则

INC.

HOW WE BUILT

A WORKPLACE

PEOPLE LOVE

Joy, Inc.

How We Built a Workplace People Love

Sustainability and Flexibility

10

可持续性：制度越灵活，越容易留人

我们只有以可持续的精神才能建立一种可持续的文化。

—— 德里克·詹森（Derrick Jensen）：《最后阶段（卷一）：文明的问题》

（*Endgame, Volume 1: The Problem of Civilization*）

如今，可持续性成了热门话题，我们积极地讨论了地球的生态、能源的保护、生态系统的健康、物种的保护、历史建筑的保护、市中心的振兴和敏感栖息地的保护等。

在这里，我想提出一个关于持续性的新话题：留住员工。

想想许多公司职员度假时的一般准备吧：笔记本电脑，核对无误；手机，核对无误；虚拟私人网络软件正确配置，核对无误。我们的家人，特别是孩子，看到我们拿着一个笔记本坐在沙滩上或在用餐的时候查看邮件。如果我们连工作和家庭生活都难以区分开来，这会给家人发出什么信号？

在门洛，我们非常重视快乐的商业价值。有时，这被解读为安阿伯市某种矫饰的、人民共和式的快乐，但事实并非如此。我们都关心严肃的企业价值。对于持续数年、消耗成千上万个工时的项目，对它掉以轻心是愚蠢的。如果我们过度透支团队的精力，让他们用 2 年时间完成一个 7 年的项目，虽然他们仍然每天都来上班，但是他们工作时会心神恍惚。

不弹性的弹性工作场所

门洛因在工作场所灵活性上的出色表现 7 次获得阿尔弗雷德 · P. 斯隆奖

（Alfred P. Sloan Award）。有一年，我们获得了斯隆奖评出的全美最高总分，这个奖是由美国家庭与工作协会（Families and Work Institute）和美国人力资源管理协会（Society for Human Resource Management）发起的“工作运作之时”项目的一部分。尽管我们获得了高分，并多次获奖，但是我们的工作时间是固定的，也不提供远程或在家办公的选项。那么，我们公司为什么被认为是弹性工作场所呢？

雇主认为给团队成员提供手机、笔记本电脑和安全的虚拟私人网络连接，他们就会感觉工作灵活。雇主真正的意思是：“我们希望你一星期 7 天、每天 24 小时，甚至是休假期间都要保持待命状态。”每天 24 小时随时待命有什么灵活性可言呢？公司提供理发室、办公餐、办公室医生、牙医以及儿童看护，摆明就是希望你一旦进了办公室，就多待一些时间。许多远程工作安排都由人力资源管理委员会负责，它总是试图判断你的工作是否有成效。

关于工作和生活的平衡，你可以试着找个时间去配备了桌式足球台、乒乓球台、游戏区、按摩椅和健身房的办公室逛逛，看看究竟使用这些设施的有多少。我曾经参观过一家小公司，那里有一个很棒的健身房。当经过健身房时，我问向导这些设备是否得到大量使用。他说在公司健身会引来首席执行官的不满，尤其是如果你想要在公司获得晋升。难怪那间健身房看上去不错，基本上每一件东西都是崭新的、没被用过的。

我们时时刻刻都需要团队发挥最大的创造力。如果他们生病了、累了、渴望放假，或只是希望有点时间在家料理花园、照料家人，他们就无法专注于工作。在这种情况下，我会尊重团队成员的生活。当职业生涯结束的时候，我不希望员工因为工作没顾到家而悔恨，或发现他们呈现给世界的工作是不合格的（也许连面世的机会都没有），或广为用户所唾弃。

在门洛，最聪明且工作最认真的员工是那些懂得劳逸结合的人，他们也是为客户提供最佳成果的人。

下面是丽萨·H的自述：

> 过几个星期，我就要和丈夫去度假两个月了。事先告诉你们，到时我不会察看和回复任何与工作有关的邮件，这符合我们的文化。为了这次假期，我和另一位项目经理埃米莉进行了结对合作。因为我们结对工作过，所以她现在已经准备好在我离开的时候接手这些项目了，客户也知道有问题可以和她联系，而不是我。在门洛，项目经理这个角色采用结对工作方式并没有多长的历史。然而，以后就再也不是这样了。我休假回来之后，计划要继续结对合作完成这个以及其他项目，避免再次出现“知识高塔”。
>
> 现在，我可以自由地享受假期，而不必担心工作。这将让我在回来工作的时候精神焕发、充满活力。感谢门洛让我能真正地度假。

给员工充足的假期

我们每星期工作40个小时，从星期一到星期五，周末从不加班。之所以选择40小时，是因为我们认为从长远来看，这对大多数人是可持续的。这种工作设置让员工有充裕的时间睡觉、玩耍和陪伴朋友、家人，也为发展业余爱好、锻炼和参与办公室之外的社区活动留出了时间。简单说来，团队成员有条件全面发展，这对我们来说发挥着培养创新者和创造者的宝贵作用。

工作时间很长的时候并不多见，我们的工作场地通常在下午六点熄灯关门。我们按照自己的工作节奏走，安排了充足的假期，防止团队成员劳累过度。如果某天因为某个原因而工作时间过长，员工可以选择第二天提早离开，不影响到他们的假期。我们团队的成员都是自行调节平衡，而不必征得别人的允许；他们使用自己准确的每周工作时间表来安排工作时间。

每个人刚开始时工作每年都有 4 周的假期。不过，我确定有门洛人存了很久的假没有使用（假期不会过期），公司也没有制度规定不能使用假期，因为我们对任何一位团队成员都没有特别的依赖。

在以前的工作经历中，我发现员工请假会因为恐惧而产生内疚。所以员工实际请假的次数少于他们想要的。以前的一位管理人员曾叫我不要用假期去家庭旅行，他告诉我度假不会像我想的那样愉快。与我早期参加工作时碰到的大多数管理者一样，他明确表示休长假会限制你的事业发展。我很高兴没有听从这一建议，家庭旅行是我有过的最美好的记忆之一。

如果有团队成员厌倦了连续在一个项目中做太长时间，他可以直接要求换一个项目。我们通常能够适应这种调整，不会造成工作中断。这很少给工作分配带来压力，因为我们始终都有备用方案。

最后，门洛有一种非同寻常的减压方式。有人把它叫作损耗，而我喜欢把它当作休假。

尊重员工胜过看重流程

我和詹姆斯经常提醒团队成员，如果他们想要离开门洛，我们会帮忙在其他地方找工作，他们对此感到震惊。我们并不是设法要把他们赶走。只是如果有人渴望体验一种不同的经历，无论是什么原因，我们都想鼓励他去追求。我相信这降低了不必要的损耗，也对先前离开又回来的返巢员工有用，他们再回来时精力充沛、精神振作，对门洛的特别之处也有了更好的理解。

我相信大多数人认为员工流失率低是文化健康的一种象征。我们没有这种说法。这不是说我们希望员工流失率高（而且我们的员工流失率并不高），而是我们看不出这样做有什么价值：招聘时小心翼翼，然后要么紧紧抓住你不应该留的人，要么尽力留住因为某种原因想离开的优秀人才。基于所有这些原因，我们对员工流失率并不关注。无论如何，考虑到先离开门洛又回来的员工人数，流失率的评估是一项复杂的工作。

密歇根传奇橄榄球教练薄·辛巴克勒（Bo Schembechler）曾经说过，高校橄榄球最艰难的时刻是每年球队领导核心毕业离去，最好的时刻也是每年球队领导核心毕业离去。我们团队中的很多人都是公司创立不久就一起共事的，如果他们选择离开，我们会感到非常悲痛。但是，如果他们认为是时候追寻其他事业了，我们会第一个站出来支持他们出去闯荡。

在我了解到的一些最差劲的企业文化中，从来没有人员流失。低流失率不是公司文化健康的象征。记住，铁幕倒塌之前，没有多少人离开东柏林。但当时候到了，他们都准备好了离开——手里拿着铁锤。颇具讽刺意味的是，在流失率低的文化中，收入最高的人可能也是那些设法离开却被自己无法拒绝的绝佳待遇留住了的人。他们仍然有一种深陷困境之感。高薪资并不能消除那种感觉。

质量倡导者克里斯蒂·S 最近告诉我，她想离开门洛，夏季去密歇根西部的一个啤酒花农场工作。她也许只是离开一个夏天，也许是永远；我们不知道她离开之后会有什么感觉，也不知道她是否会想我们和怀念这份工作。如果这是克里斯蒂梦想的一部分，而我们尽力挽留她，我们最终留住的是什么？一个未能实现梦想的团队成员，始终叹息自己本可以达到的成就。

我们认为有另外一种选择。也许，克里斯蒂只是离开一会儿，去度过一段美好时光，然后决定回到门洛。也许，她会学到在这没有的一些新东西，或者获得极大的个人发展。最好的情况是，她想回到门洛，重振精神，准备再度在这里发展。

这和我过去所持有的管理理念大相径庭，你可能也有相同的感觉。但是，保持一种灵活的关系能让我们之间的联系变得更坚固。

有一天，高科技人类学家卡丽莎·D来找我，告诉我她要去一家更大的公司，因为她觉得在简历中拥有这样一种经历是很重要的。在新公司待了4个月后，她意识到自己更喜欢门洛的环境。于是，她递交了辞呈，雇主带着保安把她送出了门。她离开那家公司之后的第二天，就回到门洛上班了。

没有灵活性，就没有可持续性

根据我的经验，没有什么能替代所有成员都在同一地点、面对面地一起上班。在这种环境里上班，你能听到周围同事们的声音，这极大地提高了创新和合作的可能性。没有哪个先进的视频会议系统能达到与团队其他成员共处一地一起工作那样的效果。

出于同样的原因，我们尽量避免使用远程通信，我们的公司只有一个工作地点，所有人也都在同一个工作场所上班。但是，如果你拥有一支离岸团队，你也许会好奇远程工作安排如何适应我们这样一种文化。鉴于经济全球化的发展，产生这个疑问也是很自然的。

实际上，我们和门洛以前的国际实习生做了一个实验，成功地扩大了门洛这个家庭。来自丹麦和北爱尔兰的大学毕业生迈克尔和费米，他们在门洛的一年实习期内成了亲密的朋友。他们也从我们这里学到了很多经营一个非传统企业的知识。到了要回欧洲的时候，他们决定成立一家软件咨询公司，为了纪念他们在安阿伯市的门洛度过的时光，公司取名为阿伯设计（Arb Design）。我同意担任他们的指导，也是他们的第一位客户。

这个离岸实验非常成功，因为迈克尔和费米和我们团队进行了频繁的沟通。作为他们的第一位客户，门洛雇用了迈克尔和费米，就像他们在安阿伯市为我们工作时一样。他们两个结对合作的对象是门洛的程序员，所使用的技术和工具是屏幕共享技术、麦克风和扬声器。他们和我们待过一年，知道我们的惯例和文化。这个离岸实验中，有两个重要因素：团队成员之间良好的人际关系和有利于双方的时差。

我知道一些人能够维持跨越距离或时间的婚姻，但是并不容易。离别很有可能让两颗心靠得更近，但是这中间存在一个界限，当超过这个界限的时候，你就开始忘记对另一半的微妙感觉。尽管我们作为人类彼此一起生活，因而有着天然的联系，但是社会却认为远程工作安排实际上更有成效，我认为这是自欺欺人。相比实际待在同一个地方，没什么更好的保持联系的办法了。

我知道，这种想法会引起很多人的反对，实际上也有许多反例。我只是不想花费余生的时间，来求解如何让远程工作成为我们的惯例。

一般说来，尽管我们不允许使用远程通信工具，但是由于我们在保护员工方面尽心竭力，因而可以有例外。如果因为要照顾生病的小孩或者路上有严重的暴风雪，门洛有人需要在家工作，那我们会始终都和他们一起工作。不过，可能和你想的不一样。我们用不同的策略做了实验，让团队成员处理他们私事的同时仍然能参与我们的日常工作。一个实验是在两台苹果平板电脑上使用视频通话，让一起工作的团队成员在有一人因意外情况不在工作场所上班的时候，可以看到和听到彼此。到了每日的站会时间，团队成员会把苹果平板电脑带上。

姬丽·O是门洛的老员工，也是我们的一位资深软件开发人员。她由于自身家庭原因，需要在父母身旁照看，不能来工作场地。虽然如此，但是她以另一种方式工作。下面是她说的话。

去年，我爸爸被确诊为癌症，我妈妈则有严重的焦虑。我因此有很多天没有去上班。万幸的是，门洛的哲学是家庭优先。因此，我并未因缺席而遭到质疑。

我向团队说明了情况，然后问他们对远程结对工作有什么看法。许多人都感兴趣。于是，我和项目经理进行协调，找出哪些天最好。我和詹姆斯谈了话，说明了问题和远程结对的想法，并强调我并不想让它成为永久性的安排。我希望这只持续一两个月。詹姆斯表示他不想这成为文化常态，但因为是家庭危机，他很乐意支持这个实验。第二周，我们就开始了。

我们使用视频通话来让我和我的程序员结对工作几周。这样，我不仅能听到我的伙伴说话，还能听到工作场所里的情况。当我回归时，其他团队成员说他们也喜欢听到我的声音。让我更加欣慰的是，团队成员仍然会来问我问题。同样，如果我有问题，我的伙伴会直接拿起苹果平板电脑，放到其他人面前，然后展开讨论。

我为我们的团队感到非常骄傲，他们彼此关心，在其他成员生活中遇到紧急情况或有其他个人需要的时候，都能热心提出临时的解决方案。是的，我们的流程虽然很重要，但是把流程看得比员工更重则与我们的核心价值观念不符。

远景规划是本源

在所有这种可持续性之中隐藏起来的是彼得·德鲁克在其著作《管理》中强调的另一条基本原则：管理需要灵活的劳动力。没有灵活性，就没有可持续性。灵活性赋予你尝试新事物的最佳机会，而不必撤销机构或机构内部的人员。

一个商业惯例如何做到灵活呢？甚至系统化的灵活也有可能实现吗？德鲁克可能支持这样的观点：公司只有到了能够通过不断重复做相同的事来获利时，才会真正发展起来。大多数公司通过专业化来区别自己与其他企业，这意味着久而久之灵活性会不断减少。然而，与其他人不同的是，肯特·贝克提出我们应该拥抱改变。

在《解析极限编程》一书中，贝克并没有说“与改变和平共处”，“学会适应改变”或“忍受改变”之类的话。他说的是“拥抱改变”。我们拥抱自己喜欢的东西。所以，我们需要学会喜欢改变，对灵活性保持开放的态度，理解助长混乱局面和推动可持续性这样两种灵活性的区别。

一个混乱的环境是非常灵活的，但不是可持续的。与此相反，官僚作风是灵活性的杀手。那就是我们在门洛寻求一种简单结构的原因：它赋予了我们一个即便面对巨大的模糊性，也能着手做事的场所。

我们简单的结构类似国际象棋。棋盘、棋子的数量和类型，以及下棋规则是易懂的。虽然结构非常简单，但是国际象棋也是一项极其复杂的游戏。到中局的时候，就会出现无数种可能的变着，但是国际象棋大师能够利用一套经过深思熟虑的开局着法，让棋局开动起来。

大多数公司在启动新计划上缺少实践。启动新计划非常困难，这种实践经验的缺失往往导致连最好的想法在付诸行动时都会陷入停滞。如果计划开局就遭遇不顺，那么接下来每过一天都会让它更加难以回归正轨。这是大多数公司停滞不前、搞不清楚如何尝试新事物的原因：他们不知道如何开始行动。

我们更像是棋手。在我们的故事卡系统中，有许多开始卡片，这些卡片可能出现在任意一个新项目中。对于特定项目，它们并非都有用，也并不是都能满足要求，但无论是什么领域或技术，这些开始卡片都能让我们迅速、简单和灵活地启动任意新项目。

1982 年，金爵曼的熟食店在安阿伯市一间 120.77 平方米的店面中开业。到 1992 年，创始人保罗·萨吉诺（Paul Saginaw）和阿里·维恩兹威格（Ari Weinzweig）萌生了扩张的雄心。他们应该出售熟食店的特许经营权吗？不，他们希望金爵曼是独一无二的。因此，他们开启了一个为期两年的远景规划流程，以此设想和追求一个新的开始：一个位于安阿伯市的企业社区，它专注于提供美味的传统食物，旗下员工致力于提供极佳的金爵曼体验。

现在，金爵曼是一个年收入 4 000 万美元的王国，成了一个由 9 家企业（目前为止）组成的社区，这些企业始终如一地传播这个品牌，不过每家企业都是独一无二的。它们包括最初的那家熟食店（现在规模扩大了很多）、一家咖啡公司、一家面包店、一家奶品商店、一家餐馆、一家培训公司和一家邮购公司等。

金爵曼在这个过程中吸取到的最重要的一个经验就是如何启动新计划，无论其大小。启动从远景规划开始。没有远景规划，就不开启新项目。他们非常特别的远景规划公式，在阿里系列著作的第一部《一个堕落的无政府主义者建立一个伟大的企业的方法》（*A Lapsed Anarchist's Approach to Building a Great Business*）中做了介绍。他们的金爵培训公司（ZingTrain）也提供优质课程，教授远景规划过程。

拥有一种可重复的、简单的和引人入胜的方式来启动新计划，是避免在开始时陷入困境的关键。通常，一旦有了良好的开端，即使是在遭遇困难的时候，也有动力坚持下去。

灵活性的 8 个表现

即使你知道如何启动新项目和新计划，你的团队也必须不断拓展和实践企业的灵活性。否则，虽然我们可能启动一个新计划，但是除了最富激情的远见者，不会有人来帮忙推进。

在门洛，灵活性深深扎根在我们系统的每一个方面。你随处都可以看到它。

让工作场地变灵活：不灵活的工作场地能够挫败新计划，因为新工作也许有不同于以前所做事情的需要。让工作场地变得灵活。不要让设备部门或“征求许可”的官僚作风横在团队和他们工作的场地之间。在前面已经看到，我们的团队有时调整工作场地，只是为了乐趣。不妨让你的团队也这么做。

每星期更换工作伙伴：我们将团队成员分配成结对小组，并每星期都更换。每一星期，每位团队成员必须灵活地适应另一位成员的性格和工作方式。我们都信任相同的系统，但是我们本身都各不相同。每星期必须适应这些变化，让每一位团队成员都产生了一种灵活的思维模式；每星期的更换也许也涉及改变项目、领域或技术。具有灵活性意味着保持学习模式。学会恰当地学习能让我们保持一个学习型企业的状态，这有助于团队提高持续的心理适应能力。

发掘认知的多样性：我们不提供员工推荐奖金，所以并没有从同一个公司招来许多人，这有利于团队的灵活性。因为我们不仅仅从当地大学或人才库中招人，所以获得了各种各样的人才，他们接受的是不同专业、不同方式的教育，年龄和生活经历也各不相同。大家在一起工作保证了团队的灵活性。

灵活的一周工作时间：个人时间表的灵活性和结对伙伴提供的连续性保证我们也可以招募兼职人员。这种水平的灵活性再次为我们提供了一部分劳动力，而这部分劳动力通常是其他所有公司得不到的。这可能意味着如果有一个学生在上学期间每周只能工作三天，我们照样可以用他。兼职人员不在的时候，一位全职的团队成员就可以和另一位成员结对合作。

安排时间表确实很棘手，也是我们每周最需花费心思的一道流程。但是，这个安排流程也处于我们企业灵活性的中心位置。

不断丰富的专长领域：作为一家软件公司，我们经常被问到专攻哪些技术领域。事实是没有，或者说所有技术都是。通过练习各种技术，我们实现了团队灵活性和对学习的开放性，让我们能够毫无畏惧地涉足新的技术领域。我们不按照子技术领域给团队成员分类，比如数据库、前端等。我们也不会为了让子技术领域的专家忙碌起来而让他们做无谓的工作，而实际上却在等待再次需要他们的专长的时机。

让员工有更多角色：因为人而非技术才是我们最重要的资源，所以我们竭尽所能去留住最好的人才，即使这意味着把他们换到不同的角色。有时，团队成员决定尝试其他的角色：程序员变成高科技人类学家，项目经理做质量管理，还有其他你能想到的差不多所有的角色转换。一开始，我们抗拒这一点，因为我们尽力想确立每个角色的明确定义，但是现在情况好多了，和感兴趣的团队成员做这个实验要比以前容易得多。如果有一位团队成员尝试一个新的角色而没有成功，他或她始终可以回到原来的岗位上。这有助于缓解焦虑，让人转换到一种灵活的思维模式。

因为有了对角色的这种态度，我们才能成为一个灵活的团队。在项目的各个阶段，我们对高科技人类学家和程序员的需要会不断变化，有时需要更多的高科技人类学家，有时则需要更多的程序员。结对工作方法确保经验丰富的老手可以作为结对伙伴，帮助那些正在适应角色调换的成员迅速进入状态。

工具实验想做就做：因为我们的工具大多简单、廉价且通常是纸质的，所以任何人无须征求许可就可以自行开展廉价的“工具”实验。

高科技人类学家重要的工作内容之一是简单的原型制作。大多数原型都是纸质的，但也包括像胶布和切割到合适大小以迎合设计想法的酸奶盒。这种简单、廉价、迅捷（也有趣）的制作原型的技术影响了整个公司，我们也一直都在尝试新的东西。

相比之下，如果出现一些疯狂的想法，一开始做实验就需要很大的资金投入，我们所有人就都会表现得紧张和谨慎。恐惧会阻碍实验。

保持计算机设备的多样性：大多数像我们这样的团队都想要将计算机设备标准化。在门洛，我们反而会尽力确保设备多样化。这意味着系统中有一部分设备的支持费用会高一些。标准化将确保维护变得更加简单，这和美国西南航空公司（Southwest Airlines）通过统一使用波音 737 以降低总成本的道理大致相同。然而，这会让我们面临如下风险：开发的软件在一类计算机，或一类屏幕尺寸，或一类处理器速度，或一类内存配置，或一类操作系统上运行得非常好，但是在其他计算机或软件配置下却效果不佳甚至完全无法运行。

每星期结对小组组员调换时，都有可能不得不调换计算机。这保证了没人可以把错误的程序归咎于“它在我的机器上可以运行”。如果我们要打造用户友好型软件，就需要让自己灵活地适应各种设备。

应对不时之需的能力

如果你没有系统性地培养团队的能力，那么当新业务需求突然出现时，加班就是唯一的选择。通常，招人是不可行的，因为大多数企业都无法在短时间内做到新人培训上岗。而加班又是不平等的。一部分员工加班，另一部分员工却无事可做，由此产生了一种不公平的感觉。没事可做的员工为自己按时下班而感到内疚，而加班的员工则持续到很晚，压力很大。感到内疚的员工知道迟早会轮到自己，所以也不会觉得轻松。

在这样紧张的时刻，工作质量会开始下降，客户服务也会受到影响。士气随之低落，每个人都开始认为，事情本来就是这样。作为顾客，我们差不多都在餐馆有过类似的经历，因为某种奇怪的餐桌分配方式，我们的服务员完全是在超负荷工作，而其他服务员则站在周围聊天。

我们的一位老顾客最近打电话来问，有没有团队成员可以出席一次为他们未来的产品定方向的重大规划会议。电话是一个星期四下午打来的，而这次持续一星期的会议将在星期一早上开始。我们通常派去参加这种会议的人员，要么已经安排了其他的任务，要么到时候该去度假了。当时，有两位团队成员特蕾西和卡罗尔举起手，自愿要去。他们和这位客户一起参与过规划策略，也参与过展示说明会，非常熟悉那家公司，所以即便他们只是提前一天接到通知，也已经足够做好准备了。他们的表现完美无缺。后来，那位顾客感谢我在时间仓促的情况下给他派去了一支 A 级团队。

相同的业务派给相同的人，让他们做相同的工作，这种现象太过寻常了。他们始终都没有建立起应对不时之需的能力。在我们公司里，结对工作是建立这种能力的中心元素。每个团队成员都拥护我们的信念系统，领导者愿意相信员工能够走出日常角色以步入新角色，这两点为我们创造了一种不一样的乐趣。该乐趣源自于对人和我们系统的信任。

我们不断地寻找培养员工各种能力的方法，以便出现变化时灵活性地做出反应。因为变化总是会出现的。团队灵活的本性与拥抱改变的意愿相结合，赋予了我们大多数团队甚至无法想象的特质：简单的可伸缩性。

最有效的干法
JOY, INC.

1. 最聪明且工作最认真的员工是那些懂得劳逸结合的人，他们也是为客户提供最佳成果的人。
2. 安排充足的假期，防止团队成员劳累过度。
3. 尽管不建议远程工作，但是也要保护员工，因而可以有例外 。
4. 管理需要灵活的劳动力。没有灵活性，就没有可持续性。
5. 灵活性应深深扎根在系统的每一个方面，比如场地、个人、认知多样性、一周工作时间、领域、角色、工具等方面。
6. 不断地寻找培养员工各种能力的方法，以便出现变化时灵活性地做出反应。

How We Built a Workplace
People Love

Scalability

11 可伸缩性：既能扩张，也能缩减

向进度落后的项目中增加人手，会使进度更加落后。

——布鲁克斯法则

弗雷德里克·布鲁克斯：

《人月神话》（*The Mythical Man-Month*）

我很高兴地宣布，布鲁克斯法则可以被打破。布鲁克斯法则是至今仍然大量存在于软件开发中的一种被打破的英雄文化教条。它指出新人的培训成本，特别是对于一个进度落后的项目，远远超过了那个新人在加入进来的头几个星期或几个月内的潜在贡献。如果一个项目的进程已经落后了，增加人手会让进程变得更落后。唯一的补救办法，就是让当前的团队做每周 80 小时的“死亡行军”。

虽然布鲁克斯的焦点主要集中在软件开发团队上，但是这一法则也适用于任意在添加新人方面没有结构化方法的领域或公司。如果你没有一个系统性的知识传授方式能让新人迅速达到融会贯通的程度，那么布鲁克斯法则也将适用于你。

许多行业都面临着类似布鲁克斯法则的“真理”，大家都视之为不容置疑的、绝对的事实，而不是有待改变的传统。19 世纪，维也纳总医院看起来就假设了产妇死亡率高是坚不可破、不可避免的事实。奥维尔·莱特（Orville Wright）曾认为，人类所能建造的最大型的飞机只能搭载两名乘客。其实，如同任何定理一样，所需要的只是一个能证伪它的反例。

可伸缩性是企业管理中一个很重要的课题。投资者和创业计划大赛的评委一定会问你的想法或你的企业是否具有可伸缩性。如果回答是“没有”，那么你的想法就无法引起他们的兴趣。如果一个企业不具有可伸缩性，可能就表示系统有问题。布鲁克斯法则强调：一旦项目启动之后，你就不能指望再扩充软件团队了。布鲁克斯所控诉的，是使用了不当的组织系统的整个行业。软件团队不可伸缩是因为它们建立在一个基于英雄的模式上，英雄式的人才是难以扩充的。他们没有时间去培养另一个英雄，因为他们太忙了。但如果你缩小团队，就会失去英雄，因为没有人来替代他们。

在门洛，我们已经多次打破布鲁克斯法则，因为它的前提是依赖英雄，这在我们的行业历史上是一段模糊的时光。我们的整个流程都着重于打破这一法则。配对、替换配对人员，自动化单元测试、代码管理工作，不针对英雄式人才的招聘、持续对话、开放的工作环境，以及看得见的文化产物，所有这些都能帮助我们轻易地推翻布鲁克斯的论断。你将在下文中看到，我们的系统也能简化可伸缩性为人所忽略的一个方面：缩减。

每家企业都面临着可伸缩性的问题，只要它希望改善业绩。沃尔玛将目光投向信息技术，希望它能解决折扣零售店的可伸缩性；麦当劳致力于配料、菜单和业务流程的一致性；金爵曼选择的远景规划，是从一家企业发展到十几家企业；美国西南航空公司通过统一采用波音 737 客机，找到了可伸缩性。

当你为企业考虑时，先问问自己：

- 你是否找不到合适的人才来满足你的需求？
- 你是否经常在引进新员工才几个月后就感到失望？
- 你能否将未充分利用的人才灵活地转移到了需求高的领域？
- 你是否因为找不到需要的人才而拒绝新机会？
- 你是否持续添加了新业务而不增加员工？

- 如果一个项目放缓，你是否只会让负责该项目的团队加班加点？
- 你是否有躺在床上冥思苦想了解决这些问题的更好的答案？

我们的配对系统，尤其是每周调换结对小组的这个部分，给了我们练习可伸缩性的机会，甚至是在我们不需要它的时候。这个概念是我们从航空业（被称为驾驶舱资源管理）借用过来的。即使是在项目规模不变的情况下，我们也会通过每星期调换结对小组，来练习培训团队新成员加入项目。我们还通过每年引进 4 ~ 6 名国际实习生，来练习培训团队新成员。

如果我们有 4 个程序员（也就是两个结对小组）负责同一个项目，他们每星期都交换配对。光这 4 个程序员，就有 3 个星期不会重复出现，然后才会开始循环。几星期后，我们会引进另一位程序员，将原来的 4 个程序员中的一个派到另一个项目中去。

如果后加入的那位团队成员是在真正做事，你也许会想知道这究竟是如何做到练习伸缩性的。这大概就是最精彩的部分。工作就是练习的手段。当有新成员加入项目，现有团队成员就必须练习如何将他们快速带入正轨，同时也要将工作卡上的任务完成。另一方面，如果团队保持规模不变，就得有人退出，就会失去一定量的知识和专业技能。在这个过渡期内，团队会适应这种变化，练习缩减。

这种结对和再配对、培训上岗和离职的基本方式，不断强化着团队为可伸缩性所做的准备。

真正的可伸缩性是伸缩皆可

大多数商业领袖只从增长的角度考虑可伸缩性。当别人问：“这个可以伸缩吗？”他想的只是扩展。我们认为，设计合理的系统是可以做到伸缩自如的。

扩展自如

假设一位客户来门洛，要求我们将一个由4人负责的项目提速至过去的2倍。对我们而言，这就直接转化为2倍规划表上的2倍故事卡所需的工时。我们的项目经理会和工厂楼层经理在资源规划环节进行商量，要求下星期再派4个程序员来参与项目的工作。在下一星期的资源规划中，原来的4位程序员很可能还会被分配到这个项目中来加大力度。我们会在其中加入轮换过的人员。这支团队就被轮换过的人补满了。瞧！接下来的一周，这支团队被分配了2倍的故事卡，他们会完成近2倍的工作。

空间位置有助于扩展。团队成员会将另外两张桌子和两台计算机搬过来，不要大惊小怪，扩建后的团队就这样搬到了一起。这样，高速传声技术可以用来进一步增强知识的传送度。由于所有项目的基本规划和编码原则是一致的，所以不必培训团队新成员去学习任何局限于项目或个人的方法。实际上，团队中的每一个人都拥护共同的信念系统，这确保项目指派出现变动时不会产生摩擦。

在门洛，这种现象十分常见，所以各个环节中任何人，包括我们的客户，都不会质疑这样一个请求的有效性。

缩减自如

有时，项目也必须缩减。如果客户需要减少预算消耗速度，或者项目已经到了工作量减少的点，我们也会按照相同的程序对其进行缩减。因为团队不是建立在“知识高塔”的基础上，代码不归特定开发人员所有，每个人都参与了代码所有部分的工作，而且转向另一个项目的人仍然待在同一个房间里，彼此都能看到和听到对方，所以不会出现重要的信息丢失。

项目被搁置数月之后，团队如何重新恢复速度？当项目归零，缩减能否奏效？是否有可能在项目中断数月之后重启，或者回到已完成的项目，为它添加新的功能？这些问题又回到了文档编制和标准工作流程上来了。自动化单元测试提供了首要基础。当代码出现改动时，它们会发现有错误的地方。如果一个结对编程小组回过头来改写代码，且自认为改得正确，结果一个或多个单元测试失败，自动测试就会立即通知程序员出了错。这开始刷新他们对过去所作出决策的记忆。代码管理工作也是其中的一个重要组成部分，因为久而久之，代码已经过许多人的查看和改动，它已经演变成了以下作品：它反映的是大家都能理解其意图的表达，而不是一种令人费解的、只有英雄式的原创人员才能理解的表达。

你所看到的在软件行业开始发展起来的这套标准，和建筑行业发展出来的那些标准一样。当装修人员走进一间非常现代的房子，他们可以肯定的是每隔 40.64 厘米都会有一根长 10.16 厘米、宽 5.08 厘米的大头钉，还可以肯定的是电路及其相关的电路断路器（一个自动化单元测试的例子）将确保合适大小的电流通过，如果电流超过这一限制，电线就会熔断、起火。

植入松弛

如果针对我们所有正在做的项目，它们扩展和缩减的需要都达到了完美的平衡，并与假期安排连接紧凑，公司就能完美地运作。也许在某些地方，事情就是这样的。但是在门洛这里，从来不是那么顺利、完美。为了让自己放轻松，以防我们需要向一个项目添加或删减团队成员，我们已经在自己的系统中植入了缓冲元素。它们包括一些内部项目，这些项目可以接受额外团队成员或根据需要进行拆解，还包括一些巧妙的业务调度，其对象是乐意让我们对他们的项目做小幅调整以换取优惠服务的客户。如果调动团队成员能带来商业价值，和我们合作最长久、对我们最信任的客户也会允许在项目中增添或减少团队成员。

如果我们需要的人力超过了团队现有的人员数量，我们能比较轻松地扩充团队。我们有一个由独立的分包商组成的非常健康的社区，当有需要的时候，它们就会提供帮助。如果需要提高团队整体的生产力，我们可以安排一次极限面试，雇用新的全职员工。我们通过组织公司参观、课程和一般的社区外展，建立了一定的基础，因此始终都有一批对我们感兴趣的后备求职者，只要我们准备就绪，就可以录用他们。

精益生产原则教导工业作业工程师：为了以最高效率运作，要在他们的系统中植入缓冲的部分。有趣——这表明相比对待人，我们在对待机器上做得更好。许多企业接近或达到满负荷运作，还有加班，有时远远超过满负荷。这种狂热的症状包括假期工作，项目因一个人休假而停工，以及不断加班和在家工作。我拒绝承认这是一种合理的对待员工的方式。

布鲁克斯法则还适用于我们行业的其他方面。如果采用传统组织方式的团队遭遇扩展要求，那么唯一的选择就是员工加班。突然之间，程序员不再是每周工作 40 ~ 50 小时，而是 80 ~ 100 小时。这种状态持续一星期之后，疲惫不堪的程序员就会开始不断出错，由此引发的质量问题会比开发的新功能还多。此时，这个项目的墓碑已经刻好，墓穴也已经挖好。很快，人们会举行一场追悼会，哀悼另一个项目的损失。根据斯坦迪什集团（Standish Group）发布的年度 CHAOS 报告，我们这个行业每年由此造成的损失共计约 750 亿美元。

如果我们需要做更多的工作，我们会增添更多的人。就这么简单。

虽然我相信从目前的结构来看，团队至少能够扩充到150人，但是我知道我们必须在实践中继续拥抱改变，以适应更大规模的团队和项目工作量。过10年，再找我核查。随着不断发展，我们成功地保持、加强和拓展了自己的文化，使得员工规模和项目工作量达到了新的水平。截至2013年，我们的工作场所已经是刚成立时的3倍，而团队规模也已经增长了10倍。这就是我们能扩展的充分证明。从2001—2011年的10年里，出现了几次全球性的灾难、战争和经济衰退，在这些极端环境中，我们证明了自己也能缩减。

我敢肯定当前的系统不适用于1 000人参加同一项目的情况，反正这种事也不常见。许多人认定，如果它不能对1 000人适用，那么就不是一个真正可伸缩的系统。这并不是说我们做不到；而是我们不知道，达到1 000人规模时我们会变成什么样，或者我们必须做什么改变才能实现这个目标。因此这一点并不会使我们的可伸缩性失效。

第二次世界大战期间，亨利·福特（Henry Ford）建立了Willow Run工厂制造B24轰炸机。1941年，最初的生产速度大约是每天一架。到了1944年，由于形势所迫，他的团队在同一家工厂对系统和流程进行了改善，开始每小时生产一架轰炸机。

缩放一个以流程为基础的企业是一种深思熟虑；而缩放一个以英雄为基础的环境则是精神错乱。

将可伸缩性与可持续性联系起来

- 如果你在生产流程的缩放中破坏了质量，那你还是真的是在缩放吗？
- 如果你在缩放过程中摧毁了团队的士气、精神和活力，那你还是真的是在缩放吗？

- 如果你在生产流程中的缩放威胁到了员工的生活，那你还是真的是在缩放吗？
- 如果你缩放之后，在市场中被优秀的产品击败了，那你还是真的在缩放吗？
- 如果你只能扩展，不能缩减，那你还真的可以说自己能够缩放自如吗？

我们对快乐的定义意味着我们必须能够伸缩，而且伸缩之后仍然能生产出优质的产品，并让我们的文化继续发扬光大。

快乐是最终的衡量标准

大多数来参观门洛的人认为，我们的一切都很井然有序，直到他们考虑到这一切对成本的影响。他们很快推测出了一个结果：按照我们的运作方式，软件开发成本至少会比传统的高出一倍。

他们究竟是如何衡量成本的呢？如果以编写代码的打字速度来衡量成本，那么是的，我想我们确实是他们的两倍那么贵。如果我们这个行业中有人真的认为打字是开发软件的主要成本，那么美国的计算机科学课程将会把选修打字课作为取得学位的先决条件。他们甚至可能会在入学标准中加入打字速度的测试。

在门洛，衡量成本的标准是最终的产品：快乐。我们希望使用自己产品的终端用户有一天会感谢我们，说他们喜欢我们为他们打造的东西。大多数软件团队甚至从来没有接近过这种效果。你能够衡量像快乐这样无形的东西吗？也许不一定，但你可以衡量功用、长期质量、市场占有率、客户满意度、市场优势、终端客户满意度（至少可以从传闻中了解），以及投诉电话的总数。如果我们建立起团队的负责制，每次都贯彻要求、追求成果，那么我们就会得到快乐。

最有效的干法
JOY, INC.

1. 如果一个企业不可伸缩，可能就表示系统有问题。
2. 结对和再配对、培训上岗和离职的基本方式，不断强化着团队为可伸缩性所做的准备。
3. 设计合理的系统可以做到伸缩自如。
4. 在自己的系统中植入缓冲元素。
5. 如果需要做更多的工作，就会添加更多的人。
6. 衡量成本的标准是最终产品：快乐。

How We Built a Workplace
People Love

Joy, Inc.

How We Built a Workplace People Love

Accountability and Results

12 可衡量性：让人人都敢于负责

有两种自由——错误的那种，一个人可以自由地做他喜欢做的事；正确的那种，他可以自由地做他应该做的事。

——查理·金斯莱（Charles Kingsley）

几年前，我曾在亚特兰大给一家公司教授门洛的惯例，这家公司从事的是网络和平面媒体的汽车销售推广。我把他们的整个技术团队和管理团队都叫到会议室里，待了一整天。在会议开到一半时，我开始谈论我们的负责制。在门洛，为了让负责制产生预期的效果，我们认为它必须是循环的。负责制必须覆盖到所有人。

作为首席执行官，我不应该期望团队所做的承诺比我愿意提供的回报更多。这一条简单的准则构建了信任，这种信任树立了勇于承担责任的风气。在我的叙述中，以我们的估计做法为例，充分阐明了这条准则的道理所在。我对团队的承诺是，我会教授并强化我将要介绍的预估系统，而且我会确保客户拥护这一系统。

前面已经提到过，我们每周都有一个预估会议。结对小组会对当前在做的故事卡片进行估计。我们向团队做出的第一个承诺就是，他们永远不会因为估计而受到恐吓或哄骗。每一个结对小组的估计都是神圣不可侵犯的东西。虽然可以展开健康的讨论，但是项目经理不能推翻结对小组的估计。说到这里，我已经开始感觉到房间里的不安情绪。人们的面部表情和所翻的白眼告诉我，我开始刺激到他们的神经了。

我接着说道，实际分配工作时，结对小组始终会得到他们预估的时间量，绝不含糊。如果一个结对小组说一张卡片将花费 16 小时，他们就将有两天的时间来完成它。这时，会议室变得更加安静了。

最后，我补充说，如果结对小组超出了他们的预估，不会带来任何后果和处罚，也不会留下任何污点。客户将为额外的工作时间买单。我说到这里的时候，会议室里静得可以听到针落地的声音。

我说，我们相信自己的团队，相信他们在估计和工作期间会竭尽全力。但是，有时事情出错，会带来比我们预期更艰难的结果。我们会从这个错误中吸取教训，下一次做到更好。在这个充满信任的预估系统中，我可以要求在团队得知坏消息之后就尽快告诉我。

如果一个结对小组在为一张 16 小时的故事卡工作了两小时后，发现了一个问题，这个问题将导致他们的工作超出预计时间，我会直接要求他们和项目经理分享这一信息。我们教导项目经理要微笑着感谢团队分享他们获得的信息。如果它会影响到我们这个星期预期要给客户交付的整体结果，项目经理就必须把这个坏消息告诉客户，并询问他们想要我们怎么处理。他们是仅仅想要我们继续下去，给后续的卡片进度带去潜在的影响吗？还是，他们想要我们停止工作量突然激增的这张卡上的工作？

客户和门洛之间的契约就是这样，故事卡及其预估是我们流程的基本元素。当这两者走到一起时，我们才有了定义工作和收获成果的基础。你不能得到你想要的预估时间；你得到的是生产高质量软件产品所需的时间。这个估算时间反映的是真实情况，是由具体执行的人员得出的，我们相信他们。但是，它只是一个估计时间，是基于我们当时所掌握的信息所做出的一个最好的估计。

此时，我做演讲的会议室里完全陷入了静默。显然，我所说的和他们的文化极不协调。我停顿了一下，等待他们就这一看似矛盾的关于负责制的阐述提出问题。但是，他们的反应比我预期的更猛烈——一位营销副总裁乔站起身来，带着非难的意味用食指指着我。

然后，以一种严肃的、定罪的口吻说:“这是胡说八道!”

乔接着说，他们公司有真正的负责制。如果你未能如期完成预计在星期五完成的事，那么你就要在周末加班，履行你的承诺。至于周末是不是你小孩的生日，这并不重要，你可以等到明年再过生日，但是工作必须完成。“这是责任,”他这样告诉我和房间里的其他人。

然后他站在那里，瞪着我，房间里寂静无声。我敢肯定每个人都在想我将如何应对这一小小的交流。他情绪激动，而我则非常平静。

我问乔，在他看来如果门洛换成他这种负责制，可能会发生什么。他思考了几秒钟。然后，我可以看到他完全改变了想法，从头到脚整个好像换了一个人。接着，他以一种完全不同的语调回答。

> 他们会开始虚报估计的时间。项目经理会发现这一点，开始基于这一虚报数据调整预期时间。团队会开始就实际工作进度撒谎，然后质量开始变差。突然之间，我们会遇到各种技术问题，团队士气变得低落，彼此缺少信任。这样，门洛就会变得完全像我们公司一样。

那一天，乔学到了重要的一课，就是深深植根于人类本性中的信任。人类对公平与否有一种很好的本能，当他们的公平检测仪发现道德失衡时，往往就会无声地反抗。负责制没有信任和承诺，就不会发挥效果。

在我们公司，首席执行官承诺采用一个系统，无论好坏都会坚持。项目经理进一步了解到，他们的角色并不是恐怖心理散布者；团队懂得了诚实是值得奖励的；我们的客户也知道了他们也要发挥作用。

这个系统产生的结果是每个人都想要的。恐惧被剔除后，团队做预估时会变得更积极。结对小组知道他们是在朝着为自己设定的目标前进，就会努力达到预期目标。实际上，团队能在更短的时间完成更多的工作，但是有一点——客户要愿意承认有时估计是错的。再加上质量不会打折，你就能获得大多数团队梦寐以求的结果。

将责任植入规划中

珍·贝尔德是我们客户公司的首席执行官，她曾到我们这参观。纯粹只是为了好玩，我向她提议测试一下我们企业结构的弱点。于是，我们找到了一对门洛的程序员，提出对他们正在开发的系统进行一项修改，这个系统是珍的公司花钱让我们做的。两人立即抓起一张故事卡，准备写下珍的新要求。我们告诉他们没有时间来做那个，但是他们不听，并开始把那个要求写下来。他们写完后，让我和珍把那张故事卡转交给负责该项目的项目经理丽莎。丽莎将为它分配一个号码，然后团队一起估算出它所需的时间，并找出它可以插入当周计划的哪个部分。

我和珍试图让系统停下来，但我们做不到。即使是首席执行官和客户，也不能改变已设定好的负责措施。该系统是我们发现的唯一能够在避免恐惧、模糊性以及恐吓的前提下执行并支持负责制的。当现有系统遭到忽视或被绕开以完成真正想要做的工作的时候，大多数负责制随之瓦解。

对于负责制，我们最强的机制是由故事卡驱动的“5 天迭代周期”，自从 2001 年 6 月 12 日以来，每星期都得到了执行，从不间断。所有客户的工作都是按照这个周期完成的。从 2001 年起，无论经济形势好坏，每年数千小时的工作从无例外。5 天迭代周期遵循的是一个可预测的模式，团队中的每一个成员都知道和能够预见到这个模式，包括我们的客户。

如果有一个结构化的过程易于理解和使用，那么我们没有理由不使用它。在门洛，没有人（包括我在内）可以说："嗯，这个刚出现的任务非常重要，我们没有时间去执行我们的流程。"实际上，不执行流程会用掉更多的时间。在门洛，我们都对自己的流程负责。我们相信这个流程。我们知道它会产生高质量的结果。

选择下的负责制

在门洛成立的早期，我们曾做过一个美国东海岸的大型医药软件项目。客户使用的是一个传统的预算系统，这个系统规定为一个项目分配的资金必须在特定日期前用完。在这样的情况下，我们必须在 12 月 31 日那天前用完 30 万美元，一分不多一分不少，一天也不能拖延。我们的项目经理为整个项目制订了计划。在准备和客户开计划评审电话会议前，她让我先看一下准备的材料。

这发生在会议预定召开之前的五分钟。我看了一眼，并宣布这是一个糟糕的计划。项目经理脸上瞬间血色全无，她想知道我如此迅速地看到了什么问题。最明显的问题是，项目规划中的功能开发进程一直持续到项目截止的最后一分钟。在任何项目中，功能开发总是会出现一些故障，我们需要在时间表中留出一些空间来做故障排除工作。

我问她认为项目完成之前，我们将要修复多少故障？由于我们尚未开始这个项目的具体工作，她解释说还不知道。我让她猜。在被迫的情况下（召开电话会议的时间在逼近），她含糊地说："6 个。"我抓起 6 张卡片，并在卡片上依次写下“故障 1”到“故障 6”。我们一起迅速为这些潜在的故障估算了时间，每个问题分配的时间从 2 小时到 32 小时不等。我走之前，让她把这些故障添加到规划表中。

电话会议后，我遇到她，她告诉我电话会议非常顺利。客户对她预先把故障修复的部分加入时间估计中感到惊讶；他们从来没有见过一个供应商能在问题出现之前预测到。这给他们留下了深刻的印象。这种负责制让我感觉到快乐。

我们的规划策略让我们在负责制和赋权方面非常完美。如果一个项目发起人想要在计划中加入某一事项，他就可以拿起一张折叠的故事卡，将它放在规划表中。如果发起人不希望它加入计划中，就可以把它留在桌子上。规划期间，不需要耗费极大的热情，也不需要为这一事项或那一事项应该纳入计划而高声大叫。如果你想把它添入计划，就把它放入规划表中。如果预算已经定好，那么你就必须拿掉某个事项来腾出空间。这消除了传统规划活动中经常出现的基于恐惧的谈判。没有人能说：“拜托大家，就只把这一件额外的小事加进去，行吗？”每个人都知道，无疑，只要我们去掉另外一个事项，就可以再加入一个事项。在这里，规划成了一场对话而不是以含沙射影为基础的权力游戏。

如果有人担忧未知因素或一些估计不能奏效，我们就会取一定比例的规划表，在上面写下“偶然性事件”，表示对未知事件的正常担心。这样，我们就能让双方都承认有一些事情我们并不了解，并且这些未知被明显地标在了规划表上。

展现你的工作成果

每周的展示说明会最大的好处是让我们和客户一起检查了每一张完成的

故事卡，这本身就是一种负责制的表现。展示说明会在规划的概念过程和我们工作的实际输出之间创造了一个强大的反馈回路。更好的是，我们通过让客户展示我们前一星期所做的工作再次演示了循环的负责制。我们并没有强势地控制客户接触软件的机会，他们投入时间来接触我们已经完成的工作，表现出极大的兴趣。

如果我们没有按照计划完成工作，在展示说明会上就会暴露。有时，工作没有完成是由于我方的资源限制。其他时候，则是因为等待客户提供更多的信息而陷入停滞。在这种情况下，我们会在该故事卡的状态栏中标上红点，并贴上一个便条，解释我们等待的是什么，以及和谁来解答问题。由此衍生出了循环的负责制的另一个有趣的方面：它揭示了写明的优先事项和实际优先事项之间的区别。如果我们的客户认为特定故事卡非常重要，需要安排在这一星期，但是没有时间回答我们的问题，那么显然这就是该张卡片没有完成的原因。在重视透明度的同时，这也是一种让你的客户负责的非常民主的方式。

看到真实数据背后的红利

2009 年，我参加了在佛罗里达州奥兰多市举行的美国项目管理协会全球大会（Project Management Institute Global Congress），为 400 位与会者做演讲。美国项目管理协会是美国所有项目管理从业者的认证机构。

当时，我决定做一个实验。我向观众提出，如果他们被美国项目管理协会认证为项目管理从业者，就举下手。随后，400 只手举了起来。我接着又提出，如果他们是在签署了职业道德宣誓之后才获得认证书的，就再举下手。接着，400 人再次举起了手。

接下来，我叫他们闭上眼睛。项目经理都在遵守规则方面表现得良好，特别是权威人士定下的规则，所以他们都照我说的做了。然后我提出，如果他们曾被迫在自己管理的项目中捏造实际数据，违反签署的宣誓书，就举下手。400只手再次缓缓地举起了。显然，权威人士制造的恐惧甚至会让最诚实的人都作出不道德的行为。

大体上，我对美国项目管理协会和项目经理都怀有深深的敬意。真正的问题不在于这个机构、它的目标或它的教义，也不在于它所认证的从业者。他们开展管理工作时所处的恐惧环境足以让任何有能力的人畏缩，无论他的专业技能如何，知识是否渊博，经验是否丰富。

在我看来，真正的问题不仅是所有这些从业人员谎报数据，更在于虚假的数据稍后被当作准确、真实的数据，被用于规划未来的工作。这是项目预算始终不充分的主要原因之一，预算不充分会导致在整个过程一直出现问题，最终由于成本超支而不得不终止项目。

不依赖恐惧的负责制的一个最大的好处是，我们能得到真实的实际工时。“实际工时”指的是做某事实际花费的时间，和预计需要的时间相对。

在门洛，我们的时间表做得很细致。花在一个项目上的所有时间都会记录在一个每周时间表上，团队成员针对完成的每张故事卡记录他们的时间。团队成员都会在每星期一早上8点之前把准确的时间表交给工厂楼层经理。然后，所有时间都会被汇总到一个项目跟踪电子表格上。我们会预览和审核每星期的客户发票，客户发票会反映项目所花费的时间。审核完后，再把发票存档并寄给客户。这个循环每5天重复一次，每年运行52周。我们的客户永远不会到项目结束时才惊讶地发现他们的工作所花费时间或资金的真实情况。

准确的时间记录的第一个好处是，每个结对小组都有机会回顾原估算时间的准确性，并找出导致预期过高或过低的可能原因。第二个好处是汇总我们每星期收集的所有项目的信息有巨大意义。我们整个公司记录实际数据的历史让我们在估计未来项目规模方面拥有了一个核心优势。我们完全可以确定过去的项目究竟需要多少工时，甚至可以精确到一刻钟。当我们开发潜在项目的时候，就可以浏览历史数据，找到类似的项目，从而知道这个潜在的项目可能需要投入多少努力。

我们的准确数据往往会扰乱我们的销售流程，因为客户通常会拿我们和看似价格更低的竞争对手比较。然而，我们的经验一次又一次地表明，我们的竞争对手不知道项目用时，因为他们自己不记录真实的实际数据。我们曾有不少顾客选择要价更低的竞争对手，但之后又回头来找我们，他们惊讶于我们原来估算的时间之准确。对于一些顾客，这是一个痛苦且代价高昂的教训。曾经，有位首席执行官在经历过这样一次教训后，打电话告诉我他再也不会选择比我们要价更低的竞争对手了。

大多数公司在记录工作用时上非常差劲。一些专业人士认为记录他们的工作用时是一种冒犯。我猜是他们希望隐藏一些东西。我们曾和一个公司合作，这家公司把他们的一位团队成员派到我们的项目团队中。后来，我们让他和我们团队的成员一样填写时间表，因为我们需要记录准确的实际工时。结果证明，这可能是他一生中提交的第一份准确的时间表。他后来告诉我们，他的上司坚持让他的工作时间表始终只报告 40 小时，不准多也不准少。这个要求不仅缺乏职业道德，也反映出这家公司拒绝承认完成任何项目的实际用时。他们的时间数据对于未来规划完全没有用处。

给予团队持久的投入度

现在，有许多写员工投入度的书籍，书中都会盘点保持员工投入的 10 大途径。一些书提到要有一个好老板，一些书指出上班路程要短，还有一些书认为要有一个有趣的工作环境。

关于团队持久的投入度，我最认同的一点是着手工作和将有意义的事情完成的能力。不仅仅是开始工作，谈论工作，或者委派工作，而是实际完成——完成、包装和交付。任务是简单还是艰难，乃至你是否需要更长的时间，这些都无关紧要。完成这种状态能让体内释放内啡肽。内啡肽是人体内天然的鸦片，它让人上瘾。完成，当它真正来临的时候，会带来一种因获知一天的辛劳结出了有价值、受重视的果实而产生的快乐。

如今，许许多多的因素都会打扰到我们：电话，邮件，老板经过顺便问一句："怎么样了？"不考虑昨天做下的承诺就确定优先事项的会议，还有计划外的紧急情况，所有这些都会让我们从当天的计划上分心。我们愿意相信自己能同时处理多项任务。

通常，处理所有这些相互矛盾、相互冲突的优先事项的场景位于一个模糊不清的环境里。我们大多数人都对公司的走向和自己所在的部门如何适应这个走向有一个大概的了解，对我们个人的角色也有一些特别的认识。但是，星期一早上一到，首先出现的不可避免的问题就是："今天我究竟应该干什么？"

当上司走过来，顺便问你那个不可避免的问题："你正在做什么？"你就随机从相冲突的优先事项中挑出一项来。通常，如果你挑到了某件有难度的工作，他就会让你独自忙活大半天，确信自己管好了你。他会给你说一些"你一定行的！"之类乏味的、鼓励的话，耸耸肩，然后离开。你意识到他并不知道你本应该做什么，他只是想确认你在做某项与公司模糊的目标和活动相关的工作。

你对打扰的薄弱防守会在约 14 分钟后崩溃，电话铃响，计划外的会议呼唤你，紧急情况拉住你——你的一天就这样开始了。在你意识到之前，一天就过去了，没有真正完成任何事情。

没有什么比进入工作却不知道应该做什么而更让人觉得虚弱的了。大概，这就是为什么我对声称“自我激励”的工作广告非常鄙视的原因。员工有权利知道雇主对他或她的期望是什么，员工知道得越清楚，工作完成时，他们获得的快乐就越多。

我们简单的图钉墙板展示为团队的每一个人都提供了这种结构。因为所有团队成员都知道他们泳道中的卡片在哪个环节完成，所以他们有信心自己正在做的事是客户关心的。但是，我们的墙板展示带来的更大的自由是每个人都能看到哪项工作分配给了其他什么人。人们渴望的隐式的公平就在人们的眼前。

当横在工作授权板上的那条纱线像时钟走动一样每天向下移动时，进度绩效就显而易见了。如果纱线上方有黄点，我们就知道是在哪里落后了。如果纱线下方有橘黄色的点或绿点，我们就知道哪个部分提前完成了。对于我们来说，这只是信息——我们不会将“落后的部分”看作问题，也不会将“提前的部分”看作胜利。结对小组在纱线之上有黄点也不会感到恐惧。他们的责任是确保项目经理知道某项工作预计会延期多长时间，从而可以据此做出适当的业务决策。他们也负责做好工作，避免出现质量问题，确保不偷工减料。

如果有一个结对小组进度提前了，而另一个结对小组落后了，那么提前的就会为落后的提供帮助。因为团队走的是可持续发展道路，每周工作 40 小时，所以不会想着避开关键路径，独自休息，而让另一对伙伴受苦。在门洛，我发展了这样的团队：都相信分配的所有卡片上的任务大家都有义务完成。因为一个结对小组没有完成一张卡片而责怪他们，并不会让人感到快乐。

有时，我们会提前完成所有的工作。客户知道这种情况偶尔会发生，如果团队完成了该星期的工作，他们就会选择那些在计划中“领先”的故事卡。我们曾经有一个大项目，团队一直保持领先于计划的速度，使得完成所有分配下来的故事卡的时间大大提前了。由于进度大幅提前，我们也将所有的“领先”故事卡完成了，所以项目经理不得不叫客户在那一星期安排其他的优先事项。

虽然传统的许多管理团队会对这种情形感到高兴，但是我们团队实际上觉得非常烦人。因为我们的估计工作被打乱了。大概，恐惧已经悄悄地混进来，所有的结对小组都做出了过高的估计。接着，我们就此展开了谈话，几个星期后，一切又回到了正轨。

自由的奖励

无论项目大小，我们每星期都会按照门洛简单明确的系统重复操作：收集手写索引卡的新要求，估计时间，规划，执行和展示结果。这个流程从来没有因为法令或客户性格而中断过。我们对优秀流程的测试标准是：当事情变得棘手时，团队成员会一如既往地按照程序执行下去，而不是避开它。大概最重要的一点是，我们的团队成员愿意为我们的流程负责，因为它提供了他们渴望的结构和自由。我们的结构让他们有安全感和掌控感。谁会不愿意为这样一个系统负责呢？

我们的客户非常熟悉规划策略的流程。他们知道我们只能对在规划策略中授权的工作开账单。如果他们不和我们一起规划，项目就会停止。这种停止不是因为我们脚步沉重，要求客户对我们忠诚，而是因为做未经客户授权的工作没有意义。

每当人们问我是从哪里找到愿意每周花费 2 ~ 4 小时来指导他们数百万

美元的关键项目的客户时，我都会感到惊讶。如果项目非常重要，真正的问题是谁会不愿意投入那份时间和行动来指导呢？我们结构化流程的意义在于：客户每星期投入的这寥寥几个小时，都能把他们拉入一场与其关键项目相关的非常富有成效且意图明确的对话之中。

对于门洛人，客户参与之所以有效的原因是：我们的团队清楚地知道客户对他们的期待是什么。客户因为关心，所以参与进来，并通过挑选他们希望我们工作的卡片来规划项目。我们的团队知道自己的所有卡片都是客户选择的，也知道客户几天之后就会来参加展示说明会，认真评审已完成的工作。最重要的是，门洛的员工清楚自己可以自由地工作，不受官僚作风的束缚。

在这种环境中工作的人也会被另一个关键的令人满足的激励因素所驱动：他们有机会尽己所能地做到最好。

信任、负责制和结果：这些让你得到快乐。

最有效的干法
JOY, INC.

1. 为了让负责制产生预期的效果，它必须是循环的。负责制必须覆盖所有人。
2. 对于负责制，我们最强的机制是由故事卡驱动的“5 天迭代周期”。5 天迭代周期遵循的是一个可预测的模式，团队中的每一个成员都知道和能够预见到这个模式，包括我们的客户。
3. 规划策略让我们在负责制和赋权方面非常完美。
4. 展示说明会在规划的概念过程和我们工作的实际输出之间创造一个强大的反馈回路。更好的是，我们通过让客户展示我们前一星期所做的工作再次演示了循环的负责制。
5. 不依赖恐惧的负责制的一个最大的好处是，我们能得到真实的实际工时。
6. 团队成员愿意为我们的流程负责，因为它提供了他们渴望的结构和自由。我们的结构让他们有安全感和掌控感。
7. 团队清楚地知道客户对他们的期待是什么。

How We Built a Workplace
People Love

Joy, Inc.

How We Built a Workplace People Love

Alignment

13

一致性：保持价值观内外一致

让我达到天人合一。

——禅宗大师，

他的禅语立在安阿伯市一个著名的热狗摊 Le Dog 之上

我知道，总有一天我会开一家公司。只不过，我没想到它在我过了 43 岁生日之后才发生。一直以来，为了做准备，我都在不断学习企业经营的知识，因为我的计算机科学学位和技能不足以维持我想要的那种公司。随着事业不断向前发展，我开始寻找这样的小型公司：它能为我提供身兼数职的机会，让我获得宝贵的创业经验，同时还能让我做自己喜欢的事。

在我继续对所效力的公司开展这些非正式研究时，我有一个疑问一直无法解开：市场营销。在我看来，它始终就像是黑魔法。营销大师们动用数万美元的原始资金投入广告活动，至少当时让我觉得困惑。所以，我开始问各种相关问题：广告词、广告插图，我们参加的贸易展会、宣传册，我们作为公司谈及自己时的方式、工作的可衡量性等。我从这些天才那里得到的唯一回复是我不懂营销。

我们开办门洛不久后，一个知道我迫切希望了解营销的人给了我几张名为《垄断你的市场》（*Monopolize Your Marketplace*）的光碟。这些前麦迪逊大道（Madison Avenue）的营销总裁们用一句开场白就复活了我的心："你了解的关于营销和广告的一切都是错的。"我早就知道这一点，而现在有两位营销天才证实了它！这些光碟中有许多优秀的课程，但是对我影响最大的是他们“使外部世界对你公司的看法和公司内部现实相一致”的告诫。

我从未见过这样的营销活动。它的广告词让你感觉非常自由，因为它意味着你不必对任何人与任何事撒谎。你向外界传递的信息可以也应该和向顾客、团队、家人、社区、参观的客人、面试者、新职员、杂志记者，以及其他一切与你的公司接触的人传递的信息保持一致。

定义一个企业本质的有三点要素：外界对这家公司的看法，内部团队所面对的现实，以及领导力的核心。实际上，这三点往往不一致，并且实际上是基于不同的价值观和惯例而形成的。

你需要让企业内部和外部的看法保持一致，或者努力让这两者尽快回复到一致。来我们公司的访客经常告诉我，他们永远都不希望外界知道自己公司内部的实际情况。这让我感到极度悲哀。如果他们不希望人们看到内部的文化，内部的实际情况就一定好不了。这种虚伪最终会扼杀公司。他们的文化会被犬儒主义所取代，最佳员工（那些真正关心公司的人）会离开。与此相反，如果你的系统表里如一，或一旦被打乱，就能努力恢复过来，那么当它失衡时，就能自动恢复平稳了。

把赌注下在你的文化上

在门洛，最早建立的一个业务关系传统是共同创始人、首席财务官鲍勃·西姆斯构思出来的，我们称之为“杠杆策略”。在这个惯例中，我们为客户提供高达 50% 额度的延迟付款来交换客户公司的股权或我们帮助他们推向市场的产品的专利税。在有些情况下，我们两个都要。

这种简单策略和我们的快乐使命高度契合。杠杆策略是一个公开的宣言，宣告我们想要帮助客户将产品推向市场，这项产品会得到目标人群的广泛接受和使用。如果我们真正相信自己的使命、目的以及实现期望的能力，我们为什么不愿意把大部分的赌注押在结果上呢？在公司的历史上，至今为止我们完成了二十多项这样的投资。结果，有两项证明是大胜，一项是特大胜利，还有一些收到了少量回报，另外至少有三项是失败的，再也不会为我们带来分文收益。其余的仍在持续中。我们的杠杆策略委员会类似一个标准的风险投资或天使投资组合。以前的工作给我们持续带来的专利税占到了年收入的15% 左右。

2011 年 2 月，我接到 Accuri 流式细胞仪首席执行官杰夫·威廉姆斯（Jeff Williams）打来的一个电话。他是我们的一位重要客户，也是我们杠杆策略业务模式的一个长期伙伴。杰夫告诉我，Accuri 刚刚被美国 BD 公司（Becton Dickinson）以 2.05 亿美元收购。几个月后，由于我们采用杠杆策略和 Accuri 进行了股权交易，我们收到了公司有史以来最大金额的单次付款。我们带团队出去举办了庆功晚宴，并给员工开了支票，这是他们从公司收到的最大一笔钱。对于创始人来说，这是一个可喜可贺的时刻。

我们的一位质量倡导者和高科技人类学家特蕾西坐在我的旁边，我禁不住问她这笔钱是否会给她的家庭带来影响。她转过头去没有说什么。第二天早上，我迎头赶上她，再次问这个结果是否是好事，同时告诉她我们希望知道是否在为团队做正确的事。她再次转过身去。我为此道歉，并说不会再追问了。她告诉我没关系，但是显然她将要和我分享的东西非常重要。

下面是特蕾西说的话：

> 那次团队晚宴的时候，里奇还不知道团队刚刚把我升到了管理层。在门洛，你不会因为巴结领导、加班、取得英雄地位，或威胁要离开（这些我都在其他地方经历过）而获得晋升。你必须赢得这

个机会。事实上，是你的同事有权决定你是否赢得了它。对我来说，知道同事因为认可我的辛勤工作足够有价值才把我推向管理层的感觉是——我现在还在寻找合适的词来形容。

我感觉荣幸。

不要误解我。我当然也为那笔奖金感到震惊。即使知道门洛会给一张巨额支票，但是我也没想到我们的奖金会那么高，因此没有做好心理准备。而且，奖金带来的只是一时的快感。是每天和我密切合作的人们让我进入了管理层，我把他们当作我的家人。

我。

那是我必将信守的承诺。那是我每天必将继续赢得的。那是给予我的最有意义的提拔。

快乐。

当我想到这类故事所表达的创始人、团队以及客户之间的一致性，以及这种一致性对我们所有人的影响时，就会感到浑身一激灵。我认为分享经济回报的一致性非常重要，我也想知道它对我们团队成员及其家庭的生活有多大影响。但我从特蕾西那儿听到的要强烈得多。她提醒我，她每天和团队共同坚守的信仰体系要比经济成果重要得多。团队成员对她的影响要比首席执行官递给她的一张巨额支票大得多。

价值观体现在工作中，不在 slogan 上

如果你来参观门洛，会看到我们的价值观体现在工作中：你会看到公开、透明的环境；你会感受到活力，听到合作的交流之声；如果你参加我们的每日站会，还会见证我们的民主。

价值观不能只为我们自己的员工存在，也必须融入我们的合同和业务

协定。例如，你不能传福音的喜乐，然后转过身来，又在交易中跟你的客户耍手段。我们不仅一次地听人说过我们的合约条款非常公平，代表了签署双方的利益。我们始终觉得自己的合同，无论是和顾客、员工还是和转包商签订的，都应该是无论是哪方都能欣然签署的。当我们接到来自客户的合约条款时，许多都是完全倾向一方的；添加保护自己的利益的条款是留给我们的一项困难的任务。我们把这看作是极大的浪费，是一种开启两个公司间关系的糟糕方式。我们拒绝和那些合约条款太过繁复或与我们对快乐的理念相悖的公司开展业务。大多数征求方案（RFPs）都落入了这个范畴。我们常常看到一些公司诱导供应商做出某些最后不能实现的承诺，来把他们拿在手里。我们通常礼貌地拒绝对征求方案做出回应。征求方案过程完全就是寻找要价最低供应商，然而我们通常是花费成本最低的供应商。我们常常看到要价最低的供应商根据征求方案制造软件，但是成品软件却不能为目标受众所使用。这种省钱法可真贵。我们的价格通常比竞争对手高，不过因为我们制造的软件能投入实际使用，所以我们认为软件的真正价值，也就是使用成本，非常低。我们向客户的承诺必须始终和我们的个人与企业自豪感保持一致。

我们的价值观不仅反映在我们的重大战略性商业决策和客户交易上。我们也特别重视细小方面价值观的体现。我想起一位访客，他是在我们年度庆典之后的星期一来参观公司的。年度庆典时有 300 人来参观，并参加了我们的派对。在那天站会上，我提到应该找一个方式感谢保洁团队，因为他们认真、彻底地收拾了派对后的残局，这超出了他们的本职工作范围。站会开完后不到两分钟，杰夫就叫保洁团队集合，并迅速给他们加薪 300 美元。

那个自然的、随意的善举让我们的访客感到高兴。我认为这个时刻反映了我们的核心价值观，在我们看来它是如此平淡无奇，以至于要一个外来者才能发现我们价值观的出彩之处。在站会上我做过简短报告之后，杰夫承担了领导者的角色；团队因为保洁团队的工作量超出了正常范围，而且为我们提供了干净的工作环境，所以表示赞同。我现在经过反思，才意识到我们的保洁团队也和我们一样关心自己的文化，还有我们的房东麦金莱，是他挑选和管理了这个保洁团队，他也关心我们的文化。如果甚至连供应商都希望和你的文化相契合，那么你就走上了正确的道路。

我们也对媒体保持开放，开放的方式可能是大多数公司前所未有的。因为门洛的每一个人都和我们的价值观和使命完全一致，所以在媒体进来拍照或报道的时候，我们不需要专门有人去应对。每个人都能和首席执行官一样证明我们的文化。正是由于这一点，有记者在我们公司待一两天，在不引人注意的情况下随意观察，这是很平常的。团队成员根本不会因此而改变他们的行为。曾有一个杂志编辑来我们这里待了两天，她甚至参加了特蕾西的反馈午餐。

想想你自己的公司。你会让一个外来访客，更不必说是一个记者，旁听你最机密的会议吗？你会开放到让他们听你讨论对预算的担忧、人事问题和员工分歧吗？如果不，这就表明你的公司存在某些你不希望别人看到的惯例和价值观，因为它们与你希望外界看到的公司文化不一致。你需要改变这种状况，而不是隐藏你的文化。

我们的价值观也传播到了我们的社区互动项目。幸运的是，我们处于充满活力的市中心，靠近一所大学的校园，朝气蓬勃。我们在当地的大学授课和演讲，在我们的工作场地招待社区团体，并且加入各种非营利性组织。反过来，由于某位大学校长、教务长或学院院长想在其机构中寻求我们公司创造的这种快乐，我们招待他也并不稀奇。

我们同时以个人和公司的名义参与到社区事务中。我每天常常先到工作场地附近的咖啡馆去待两个小时，以便我能够非常偶然地接触到各种社区成员。通常，每周我也会给社区里的学生和企业家进行几次指导会议。我们的价值观在门洛年度节日派对上得到体现。团队成员、顾客、朋友、家人和粉丝都会聚在一起，作为门洛星球的门洛人彼此尊重。

一致性的有效性

我们对一致性的注重带来了有趣的结果。首先，我们不需要也没有专业的销售团队。一般而言，合适的顾客会出现，不合适的则不会来。社区成了我们的销售力量。因为社区中许多人都参观过门洛，或认识某位团队成员，或使用过我们的产品，所以他们了解我们的文化。如果他们知道有人需要软件，就会把他送过来。在送他来之前，他们大概也给他做了一些介绍，因为大多数潜在的新客户进门前就对我们的价值观有了良好的理解。

这也影响到了招聘。社区是我们的招聘团队。因为我们和当地的优秀大学教授建立了良好的关系，这些教授会帮我们挑选他们知道的最适合我们的学生。奥克兰大学（Oakland University）有一位教授只来我们公司参观了一次，他就围绕我们的惯例设计了一门计算机科学的课程。他曾邀请我去评判一门高级工程课。很快，我就发现他在学生面前把门洛提到了很高的位置。在加州大学伯克利分校，我也有相同的经历。我的好朋友帕特·瑞德（Pat Reed）是那里的兼职教授，她曾邀请我去参加一个有很多她的学生参与的活动。她在这次旧金山湾区聚会中向周围的人介绍我时，显然将我和我们的公司提到了英雄的高度。这些相同的场景在很多地方上演过，以致到处都有人主动向我们投来简历。

我们有一支和社区一样庞大的销售和营销力量，就是我们接触并投入的社区。难以想象，我们这样一家小规模的公司吸引了如此多的注意力。如果我们去雇用一家公关公司，永远也不可能负担得起这种级别的新闻报道。具有讽刺意味的是，我曾被邀请去参加公关协会的活动，作为一位演讲者去分享我们的方案。需要我最强烈的一个建议吗？如果电话铃响，就去接，并准备讲你的故事。如果因为外界的看法尚未和内部现实达到统一，你不想讲你的故事，那么就先达到统一，再讲你的故事。

快乐的文化产生世界都渴望倾听的故事。捕捉这些故事，复述这些故事，往往能强化你的文化，因为外界会希望进来参观，提出探索性的问题，然后带着启发离开去追寻他们自己的快乐旅程。

共同信念体系和它所创造的故事中蕴含着巨大的力量。同样重要的是能把故事讲好。我们为自己的快乐文化所取得的成就而感到非常自豪。但是，我们仍然任重道远。我们必须继续做实验和尝试新事物，并解决我们实际面临的问题。

最有效的干法
JOY, INC.

1. 定义一个企业本质的有三点要素：外界对这家公司的看法，内部团队所面对的现实，以及领导力的核心。
2. 你需要让企业内部和外部的看法保持一致，或者努力让这两者尽快恢复到一致。
3. 价值观不能只为我们自己的员工存在，也必须融入合同和业务协定中。
4. 价值观不仅反映在重大战略性商业决策和客户交易上，也要特别重视细小方面价值观的体现。

How We Built a Workplace
People Love

Joy, Inc.

How We Built a Workplace People Love

Problems

14

警觉性：把问题变机会

第 9 条。成功意味着你会遇到更好的问题——但是始终都会存在问题。

——阿里·维恩兹威格（Ari Weinzweig）

“建立一个伟大的企业的 12 条自然律”：

《一个堕落的无政府主义者建立一个伟大的企业的方法》

讲了这么多，现在却开始谈问题？是的，我们有问题。实际上，其他公司有的问题我们也可能有。那种说法有点夸张。正如前文中提到的，我们的支持热线不会因为客户求助而响个不停。事实上，它几乎没有因为产品问题而响起过。

然而，我们的目的不是永远不出现问题。如果我们真的没有任何问题了，那将是因为我们停止了实验，停止了发展，停止了学习。到那时，我们就不会再犯错误了。

我现在所指的是什么问题呢？你知道它们是什么：一个不适应我们文化的新人；小道传闻；未完成的交易；结对伙伴对于应该如何实现一项功能所产生的分歧；一位团队成员比他的结对伙伴进度更快；一位结对伙伴的进度较慢；一位团队成员总是主导对话走向；团队成员几乎始终保持着沉默，甚至面对关心的问题时也这样；那些认为自己应该获得加薪的员工，其理由只是因为他们和我们在一起待了很长时间；那些应该得到加薪的员工没有获得加薪，因为他们被我们的反馈体系忽略了……

门洛并不完美。我们的代码不是完全无误的：我们的设计会让一些用户感到沮丧；我们的流程并不是在每个项目的每个阶段始终都能保持完美无缺；

我们的学习曲线并不像我们希望的那样一直顺利；我们的招聘做法让我们错过了一些合适的人才，有时也让我们招进来一些不合适的人，对于这些人我们留得太久，本应该早些放开。有时，团队内的人际关系也会恶化。如果有人的表现没有达到团队的期望，我们可能会拐弯抹角而非开门见山。有时，我们太过直接，忘了去设身处地地考虑倾听者的感受，或者考虑困境中我们自己的角色会是什么样。尽管我们所有的对话都发生在开放的大型办公场所里，但是有时仍然会出现流言，给我们带来恶劣的影响。一言以蔽之，我们是人。请原谅我们。

大概当所有这一切发生的时候，关键的区别体现在我们知道有这回事，它打扰到了我们，我们要做一些事情去解决它。我们并不认为这些问题只有管理层才需要去解决。团队成员不会干等着高管来提供解决方案，他们会满怀信心自行跟进解决这些问题。

我还要说的是，虽然所有其他企业有的问题我们也有，但是我们没有它们那么严重。这会产生很大的不同。当我们看到一个问题，并在萌芽阶段将其改正，我们就会感觉控制了局势。

晋升、发展、距离、二等公民，4 个潜在的问题

如果谈到我们尚未系统性地、高效地解决的特定问题，我能很快想到几个。第一个是传染病。当流感季节来临时，门洛人会大批大批地倒下。每个桌子上都放了抗菌洗手液，但是我们仍然会被传染。这是开放式工作场所和结对结构的一大缺点。另一个是洗碗机问题。一大片共享空间的一个缺点是要解决谁来负责洗碗机。说真的，就像在家里，有人做这件事只是出于责任，有人就坐在那里让别人去做。从前，我们有一位“门洛妈妈”，虽然她干得不错，但这似乎并不是一个可持续或专业的解决方案。

这些是小问题，但是我们也需要继续在一些关键领域开展实验，增强我们团队的实力。下面是门洛当前的一些担忧和问题领域。

找到更好的晋升方法：我们仍然没有找到一个让所有人都感到非常满意的系统，现有系统仍然太过随意。它比我在职业生涯见过的任何系统都好，但还不够。这个问题让人欣慰的是团队决心去解决它，而不是只会抱怨。我们的评审是由希望得到反馈的团队成员组织的同事评审。目前，我们有五个不同职务层级（助理、顾问、高级顾问、负责人、高级负责人），每个层级都分了三个不同的工资等级。我们的挑战是找到更和谐的晋升评审方法，让每个人都感觉公平、易懂。如果有人希望从助理三级提升到顾问一级来提高薪金，就应该避免让人产生随意和不和谐的感觉。团队一直在围绕这个问题组织午餐学习，来探索能使得待遇标准达到一视同仁的最佳方式，而不至于让人觉得像是人力资源部门做出的一份愚蠢的标准年度评审表。

解决发展问题：随着我们不断发展，我们必须改变和调整我们的系统、我们的惯例，乃至我们做培训时的时间安排。我还发现了一些在公司目前这个规模下发展起来的谬见，而在以前规模较小的时候，它们根本不会长期存在。例如，我听说一位团队成员不敢来向我问问题。当她的同事建议她来找我交流时，她说："我不能和里奇说话。他是首席执行官。"呀！发展带来的另一个问题是，当新团队成员感觉某事朝着错误的方向发展时，他们认为自己没有老员工那样有发言权。

与距离遥远的客户互动起来：如果顾客近在咫尺，我们的系统就会运作良好，而对于地理距离遥远的客户，就没有那么好的效果了。对于距离遥远的客户，我们建立了一种每月至少一次面谈的惯例。为了将双方的差旅负担降到最低，我们提出了双方轮流派人到对方公司，每个团队每年的出差次数低至 6 次。在两次会面之间，我们持续实验电子通信手段作为弥补措施。到目前为止，我们最喜欢的工具是谷歌的视频群聊。

我们团队的鞋：你可能熟悉“鞋匠的儿子没鞋穿”这句俗语。在门洛，为了支持我们的业务，有很多技术性的工作要做，比如建造、重建或改善我们自己的网站。我们也曾粗略考虑过创建一些自己的软件原型设计工具，来让苹果手机和苹果平板电脑的应用设计变得更简单快捷。显然，这些内部技术项目的人才来源是我们自己的团队。事实证明，这是很困难的。我们习惯把内部项目看作是替补项目，当付费项目需要那些团队成员时，替补项目就得让位于后者，内部项目往往被看作二等公民。我们做了多次实验，但是还没有解决这个问题。

处理好紧急情况

正如前文中提到的，我们的最后一次客户紧急情况发生在 2004 年。当时，我们正在做器官移植信息系统。那是一个星期六，有一个可用的器官，但是患者的记录卡在了我们帮他们建造的系统中，无法检索。记录就在那里，但是医生不能将它调出来。

医院疯狂地打电话到我们的总机，他们在寻找那条记录。最终和我们的一位在家的程序员取得了联系，他以手工方式检索到了数据，从而挽救了大局，也拯救了那位患者。这次经验让我们感到震撼，我们曾考虑短时间内使用呼机来确保能够对这种突发紧急事件迅速做出反应。但是鉴于在接下来的 10 年内，没有再发生过这样重要或意外的事件，因此我们并未回过头去解决这个问题。

当企业经营和心流发生重大状况时，就会造成更为危险的局面。这些通常发生在其他项目逐步结束，而我们的系统未能带来下一批客户的时候。2008 年金融危机爆发之时，这一点尤为显著。当时，我们做了各种尝试想让客户启动停滞的项目。我们开展头脑风暴，想出了明智的价格策略，避免我们长期受到牵连。我们发明了灵活的最后期限折扣，如果我们能够基于自己的资源可用情况来决定客户的周预算，我们就提供 25% 的折扣。如果我们有空闲人力，就会扩大他们项目的团队，而如果另一个项目需要更多的人员，我们就会调走一部分人。我们的一些大客户采用了这个模式。虽然它使我们单笔交易的收入降低了，但是让我们的资源得到了均衡使用，这样在困难的时期就能让每个人都有事可做。

在那个经济困难的时期，我们也抓住了一些平时可能不会考虑合作的客户。其中一位是一名独资企业主，她的公司业务是管理犬种敏捷赛，她需要软件来为她的企业和客户记录来自全国的数据。当时，我们并不知道这个项目及其结果会带来一段非常好的客户关系，因为我们通常都和更大的公司打交道。

接着就是 2011 年 4 月，也就是第二季度的开头，经济像水龙头一样被重新拧开，这个时候发生了紧急情况。我们从 2008 年初以来就一直耐心联系的客户突然准备再次对他们的项目按下“播放”键，他们不想再等了。我的印象是，由于恐惧而囤积现金的大公司们突然得到允许，可以重新启动技术项目了，并且这些公司立刻就准备好要投入资金了。

由于我们的大多数项目在最早阶段都侧重高科技人类学家，所以同时启动所有这些项目会导致我们严重缺乏这种人才。我们立即从程序员、项目经理和质量管理人才库中挑选了几位候选的团队成员，授予他们高科技人类科学家的称号，然后把他们派出去。我也迅速招聘了一些人，包括招聘一位程序员的妻子，有天下午她恰好就在工作场地里。那是一段疯狂挥洒汗水的时光，看到团队这么快就能适应突然的加速，确实让人兴奋。当然，我们的结对方式意味着，我们能够在突然加速的阶段仍然保持惯有的质量。我为团队努力成为那些刚入职的新成员的好老师感到非常骄傲，也为我们的新成员是好学生而自豪。

一些人把这些危机描述成“幸福的问题”。我的理解呢？只有最开始的5分钟，幸福的问题才让人觉得幸福，然后它们就变得和常规问题一样，直到你把它们解决掉为止。

找到诚实的批评者

每位领导者都有关键的批评者，他们是那些倾听你所有言辞和故事，然后找出你论点中的破绽，向你问责让你不安的人。

我希望如果你在做的事情是错的，让人讨厌的，与公司文化不符，或符合以上任何一点，都能引起你的注意，而且要尽早。作为首席执行官，即便是像我们这样一家拥有深厚文化的小公司，我得到的也始终是经过轻微粉饰的事实。对你要告诉“老板”的事情进行过滤是人的本性。我对这种保守的信息收集系统采取的第一道防线是将我的桌子和大家的摆在一起。不过，我只能听到那些发生在我旁边的对话。

我需要诚实的批评者，也幸运地在我们团队中拥有一些这样的人。也许和你们许多人不同的是，我的团队中有我的家人。我的妻子卡萝尔和我所有的女儿都在门洛上班。我的家人通常会毫不犹豫地给我提出不加修饰的反馈。然而，还有其他人。我的两个商业伙伴詹姆斯和鲍勃，以及前伙伴和朋友汤姆都始终会给我反馈。

最后，一些团队成员是不错的意见反馈者，因为他们知道批评不会被报复。我还记得，我们提出在自己的工作场地孵化创业公司的想法的时候。在我看来，这中间蕴含着巨大的机会，其中一个很重要的机会就是我们可能为门洛培养一个新客户，当它发展到一定规模的时候，将会需要一支软件团队。我认为这将是我们发展道路上踏出的令人兴奋的一步。

姬丽、罗伯和杰夫持不同的意见，就在会议开到一半的时候说出了他们的看法。他们在我演示的问答环节提出了疑虑。他们的担忧在我看来是没有根据的，而且他们不接受我伟大的新想法有点让我懊恼，尤其是在整个团队面前。在会上，我尽可能地做出了回复，但是他们显然不买账。他们担心这个实验可能以我们无法完全掌握的方式削弱我们的文化，因为无法保证这家新公司和我们分享完全相同的信念体系。之后，我们着手去做，做了第一个实验，孵化了一个公司。结果证明持反对意见的人是对的。虽然事实并不像他们之前担心的那么坏，但是也不像我当初希望的那么好。最重要的是他们三个毫不犹豫地表示反对。这对我们所有人来说都是一个很好的教训，包括我。

在一个信任的环境中，批评能在事物有可能偏离轨道之时，及时掌舵并把方向纠正过来。

拥有诚实的批评者是幸福的，尽管在事情发生的当下，你不会这样觉得。

最有效的干法
JOY, INC.

1. 如果你真的没有任何问题了，那将是因为你停止了实验，停止了发展，停止了学习。
2. 这些问题并不只有管理层才能去解决。团队成员不要干等着高管来提供解决方案，而应该满怀信心自行跟进解决这些问题。
3. 只有最开始的 5 分钟，幸福的问题才让人觉得幸福，然后它们就变得和常规的问题一样，直到你把它们解决掉。
4. 每位领导者都应有个关键的批评者，他们是那些倾听你所有言辞和故事，然后找出你论点中的破绽，向你问责让你不安的人。

续燃你的乐趣、干劲与激情

几年前，AAA 人寿保险（AAA Life Insurance）让我们为它们公司的 IT 团队安排了一系列的培训课程。75 个人分成 3 组参加了我们的课程。其中第 3 组人来上课的时候，很明显可以看出他们私下里悄悄地讨论过这个门洛公司的疯狂培训课程。第 3 堂课结束的时候，我能感觉到一些纯粹的情绪开始要涌出来。于是，我就问面前的 AAA 人寿保险的 IT 人员到底发生了什么。

他说："我们不明白公司管理层为什么要让我们来上这些课。这纯粹是浪费我们的时间，也是浪费公司的钱。"

于是，我问他们为什么觉得上这些课是浪费时间。他们说，因为他们公司的管理层根本不会让员工像门洛的员工一样工作。此时，我说出了内心的疑惑，那为什么他们的管理层会让他们来上我的课呢？他们的心中也是疑惑不已。

“你问过他们了吗？”我问道。

“好吧，没有。”

“那就去问他们，”我恳求说，“事实上，是我让你们去问他们的。要有什么怪罪的，就怪罪到我头上吧。告诉他们，你们想要像门洛的员工一样工作。他们会被你们的热情和激情所震惊，他们会不知所措。然后，告诉他们到这里来找我，来上这些课程。”

他们问我：“你说的他们是指谁？我们要告诉谁？”

我说：“告诉你们公司的首席执行官、首席财务官、市场总监、人事主管等所有的管理人员。告诉他们说他们需要来上这个课。”来上了我们的课的AAA人寿保险的员工，都因为这种能够快乐工作的可能性而感到兴奋和激情满满，这也许是他们多年来第一次感到可以快乐地工作。

“管理层是绝对不会来这里上课的，”他们抱怨说，“他们才不会花上一整天的时间来上课。他们才没这么在乎快乐工作呢！”

“去问他们，”我接着说，“就说是我问的，有问题怪我。”两周之内，整个AAA人寿保险的管理人员都来了门洛，和他们的员工一样上了8个小时的课——课程内容一模一样。在课程结束的时候，这些管理人员的反馈是：“虽然这样的工作氛围很酷，但是我们的技术团队不会喜欢。”

咚！我知道他们的技术人员是怎么想的。

之后几周之内，他们开始打开心房并拆除困住心灵的高墙。

转变成一种和门洛类似的快乐工作的文化，对AAA人寿保险来说并非易事。虽然直到今天，AAA人寿保险内部还是有质疑的声音，但是现在

AAA 人寿保险的工作氛围是充满激情、活力和主人翁精神的。

每个组织内部都有无形的高墙——没有人试图去推翻的高墙。但是事实上，只要有人尝试着去推翻这些高墙，它们便会在瞬间消失殆尽，一如清晨的薄雾般消散无形。

寻找为什么

所有组织都需要愿景和问“为什么”。你的个人疑惑，即“为什么”则是从你的内心深处自然发出的声音。欲了解更多信息，请观看西蒙·斯涅克的名为《从为什么开始》的 TED 演讲视频，或者阅读他的著作。

有的人会和你说，你问的“为什么”关乎你的成功。因为如果你“成功了”，就会觉得快乐。可是，《快乐竞争力》（*The Happiness Advantage*）一书的作者肖恩·埃科尔（Shawn Achor）不这么想，他认为真正的快乐方程式是相反的，即快乐带来成功，而非成功带来快乐。就像我说过的，一旦你收获了快乐，你就会取得成功，这种快乐感是一种相比幸福感而言层次更深且更具意义的情感。你的内心知道什么能够给你快乐，所以请倾听内心深处的声音。

写下愿景

花一个小时安静地坐下来，拿着你的计算机、平板或者纸和笔，写下近 5 年来你度过的美好的一天。挑一个具体的日子，然后写下那天发生的事情。

我给大家示范一下开头：

今天是 20XX 年 6 月 1 日，今天我……

然后就开始写下当天发生的事情。你必须非常详细地描述当天发生的事情的细节，而且你的描述不能只关乎自己，而是必须做到既关乎个人，又关乎全局。同时，你的描述必须关乎你为周遭世界带来的快乐的结果，而且它必须既反映你的个人目标，又反映你的工作目标。

你所描述的事情会让你惊呆的，因为引领写作的是你的内心，而不是你的大脑。你的描述会呈现出你想感受的是什么，而非你想要的是什么。

在我自己的描述中，这次写作揭示了我内心深处对于亲近家人，以及与家人在基于他们自己的工作基础上，相互支持和相互帮助以共同创造美好生活的深切渴望。同时，它还展示了我希望能够让门洛人拥有无限的职业和经济增长空间。最后，它展示的是我的想法——关于我们个人在社区和世界上的地位，以及个人对社区与世界所负有的责任。

下文是从我第一次进行这样的写作而得的文章中摘取的内容：

今天是 2018 年 5 月 1 日，我正在为《公司》杂志举办的“最佳中小企业工作场所会议”（Top Small Company Workplaces Conference）准备演讲稿。我是此次会议的重要演讲嘉宾。我会在会上讲述我即将推向市场的第三本著作《启示：创业的乐趣》一书中的主要观点。

我正在花一些时间准备门洛员工的度假，这是 2013 年《最有效的干法》一书出版之后保留下来的传统。现在，这些为期一周的假期激发了门洛的一些最伟大的创新。这些假期成了传承和发展现在举世闻名的门洛文化的精髓的好机会。

詹姆斯也会在会场。我们两个依然是最好的朋友，而且我们的商业合作关系通过一系列的商业实验进一步加深了，虽然这些商业实验在世人的眼中依然是疯狂的，但是不知何故这些世人看来疯狂的举动好像总是奏效。现在，我和詹姆斯都喜欢打单数位高尔夫让步赛。

门洛现在掌管了 6 000 万美元的总收入。门洛依然是私有企业，不过公司实行的利润共享和反向融资操作模型（员工放弃一半的工资收入换取所从事项目的利润的一部分）让十几个员工成了安阿伯市的千万富翁——不过很神奇的是虽然这些人已经拥有了经济独立的能力，但他们并没有选择离开门洛，而是依然在为门洛效力。

现在，门洛在本地雇请了 350 名员工。但是，简单地看我们雇请的人员数量和公司的收入并不能揭示我们深入社区的深度。可以说安阿伯市的很多最成功的企业家都发迹于门洛。其中一些是从门洛走出去的，一些是通过现在著名的融资操作模型与门洛合作的人，还有一些是得到了鲍勃、詹姆斯或者我亲自指导的人。

门洛在非营利性团体中非常活跃。基本上安阿伯市的所有非营利性团体的董事会里都有一名门洛的成员，其中许多团体的董事会主席就是门洛的员工。同时，门洛几乎是社区里所有的非营利性活动的最大赞助商。这些活动覆盖公共事业领域、艺术群体和儿童早期教育领域。100 多位门洛员工志愿成为当地学校的讲师。门洛人每年会在底特律的转角石学校（Cornerstone Schools）赞助 20 个孩子的学费。

与此同时，门洛即将迎来第 1 000 批实习生的毕业。门洛实习生计划现在倍受社区学院和全国各所大学的赞誉，被认为是培养新一代技术和设计领袖的模范。

今年的假期会安排在位于北密歇根州美丽的麋鹿湖（Elk Lake）畔的我家，这将是工作和玩耍的有趣融合。在假期之后，我会和卡罗尔、女儿和女婿们以及我的四个外孙女共度一星期。明年人会更多，因为有两个小生命即将到来。

往回看，我发现每年都在接近自己的愿景。我正在将公司打造成我想要的样子，这为我带来了上面这封信中所描述的快乐。那你们的信中会写什么呢？

进行小型的简单实验

为了在你们公司开始尝试探索快乐之途，你可以通过一些简单的实验让你的团队感到意外。下面是我的一些建议，你也许可以采用——反正也不需要付出什么代价。

你坐在哪里

大部分门洛的来访者一想到在一个没有墙壁、办公室、小隔间或者门的工作场所，就会觉得有趣，但是同时又会感觉不舒服。就像我之前提过的，我们的客户会觉得我和所有员工一起坐在房间里是挺有趣的。这种管理实验可以建立信任，这种信任来自给予团队成员足够的尊重。

改变座位摆放位置就是一个可以做的简单实验。如果你是一个坐在独立办公室里的领导，那就把办公室变成会议室，然后拿一个小桌子，搬出去和团队其他人坐一起吧！让团队成员选择自己想坐的位置，和他们说可以随意移动自己的座位到想坐的地方，重点是这不需要经过你的同意。在你以前的办公室，也就是现在的会议室外面贴一张登记表，让团队成员知道他们所有人都可以使用这间办公室——不过原则是先来先得，先到先用。同时，让使用这间会议室的团队成员在门上的登记表上签下自己的名字。

另外，你随时都可以预订这间会议室进行纯私人的谈话。我猜你可能会惊奇地发现这种情况是非常少的。如果你经常使用会议室进行纯粹的私人谈话，那么有可能你的团队成员之间正在发生什么值得更深入观察和注意的事情，但你却没注意到。

记住我在前文所提的劝诫：为了实现你所追求的彻底革新，每个人都必须做出改变。你也不例外。这能糟糕到哪儿去呢？

尝试一星期站会

请将书翻回第四章，看我们是如何召开每日站立会议的。你可以试着召开一星期这样的会议。设定计时器，选择一个傻乎乎的象征物，并进行实验，尝试改变一些愚蠢的传统。在现有的文化中发现有趣的东西，并将其与新文化相融合。

到门洛来参观

有一件东西是你有而我没有的，那就是门洛。也就是说你可以参照门洛的文化来进行公司文化相关的实验，而在我创建门洛之前，却没有可以参照的标准。我随时欢迎你到门洛来参观，提问题和拍照片。如果你就在安阿伯市，你完全可以在经过门洛的时候，顺便来参观。门洛随时欢迎你，而且随时都会有人给你带路。

虽非易事，但必然值得一干

容易的改变不可能持久，也不会产生深远的意义。如果你选择的是快乐，那你要有思想准备，这是一趟艰辛的旅程，而你才刚刚启程，并且这趟旅程的艰辛程度堪比攀爬世界最高峰珠穆朗玛峰。改变人类行为可能会是你干过最难的事情，但是同时也很有可能成为你干过的最具回报的事情。在这个过程中，你会遇到难关、挫折和沮丧。你需要有人与你同行，在你动摇或跌倒时拉你一把。

这趟在工作上迈向快乐的旅程是一趟个人的旅程——它必须是一趟个人的旅程。你希望得到一份会让你快乐的工作或者处于一个能让你快乐的组织。你希望在每天结束的时候体会到“充实”，知道今天你又变成了更好的自己。在这趟旅程中，你让自己变成了梦想变成的那个人。你与能让自己的心灵愉悦到歌唱的事物为伍，你身上的光辉吸引别人靠近你。与你最亲近的人会开始注意到你正在成为一个更好的自己。

你会开始在你的团队中看到快乐，感受到快乐，甚至是触摸到快乐。现在，团队里的每个人都和你一样地感受到快乐，虽然这份快乐带有他们的个人色彩。于是，你开始自信地宣扬企业的文化、价值观和使命。此时，团队里的所有人都有着共同的目标和实现这个目标的方式。此时，你们相信一切皆有可能。

最终，走过这趟旅程，你看到了世界的改变。与你接触的消费者、你所提供的产品和服务、你与之打交道的社区和帮助你说出自己故事的人都成了快乐的一部分。他们希望成为你，他们希望与你共事，他们希望你与他们分享实现像你一样快乐的方法。

希望你快乐，是我最大的心愿。

未来，属于终身学习者

我这辈子遇到的聪明人（来自各行各业的聪明人）没有不每天阅读的——没有，一个都没有。巴菲特读书之多，我读书之多，可能会让你感到吃惊。孩子们都笑话我。他们觉得我是一本长了两条腿的书。

——查理·芒格

互联网改变了信息连接的方式；指数型技术在迅速颠覆着现有的商业世界；人工智能已经开始抢占人类的工作岗位……

未来，到底需要什么样的人才？

改变命运唯一的策略是你要变成终身学习者。未来世界将不再需要单一的技能型人才，而是需要具备完善的知识结构、极强逻辑思考力和高感知力的复合型人才。优秀的人往往通过阅读建立足够强大的抽象思维能力，获得异于众人的思考和整合能力。未来，将属于终身学习者！而阅读必定和终身学习形影不离。

很多人读书，追求的是干货，寻求的是立刻行之有效的解决方案。其实这是一种留在舒适区的阅读方法。在这个充满不确定性的年代，答案不会简单地出现在书里，因为生活根本就没有标准确切的答案，你也不能期望过去的经验能解决未来的问题。

湛庐阅读APP：与最聪明的人共同进化

有人常常把成本支出的焦点放在书价上，把读完一本书当做阅读的终结。其实不然。

时间是读者付出的最大阅读成本

怎么读是读者面临的最大阅读障碍

“读书破万卷”不仅仅在“万”，更重要的是在“破”！

现在，我们构建了全新的“湛庐阅读”APP。它将成为你“破万卷”的新居所。在这里：

- 不用考虑读什么，你可以便捷找到纸书、有声书和各种声音产品；
- 你可以学会怎么读，你将发现集泛读、通读、精读于一体的阅读解决方案；
- 你会与作者、译者、专家、推荐人和阅读教练相遇，他们是优质思想的发源地；
- 你会与优秀的读者和终身学习者为伍，他们对阅读和学习有着持久的热情和源源不绝的内驱力。

从单一到复合，从知道到精通，从理解到创造，湛庐希望建立一个“与最聪明的人共同进化”的社区，成为人类先进思想交汇的聚集地，共同迎接未来。

与此同时，我们希望能够重新定义你的学习场景，让你随时随地收获有内容、有价值的思想，通过阅读实现终身学习。这是我们的使命和价值。

湛庐阅读APP玩转指南

湛庐阅读APP结构图：

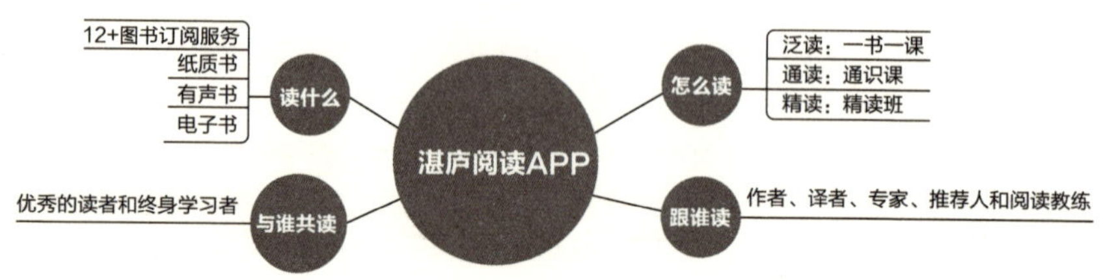

三步玩转湛庐阅读APP：

读一读 ▾

湛庐纸书一站买，
全年好书打包订

听一听 ▾

泛读、通读、精读，
选取适合你的阅读方式

精读班 一书一课 通识课

书城

扫一扫 ▾

买书、听书、讲书、
拆书服务，一键获取

扫一扫

APP获取方式：
安卓用户前往各大应用市场、苹果用户前往APP Store
直接下载“湛庐阅读”APP，与最聪明的人共同进化！

使用APP扫一扫功能，
遇见书里书外更大的世界！

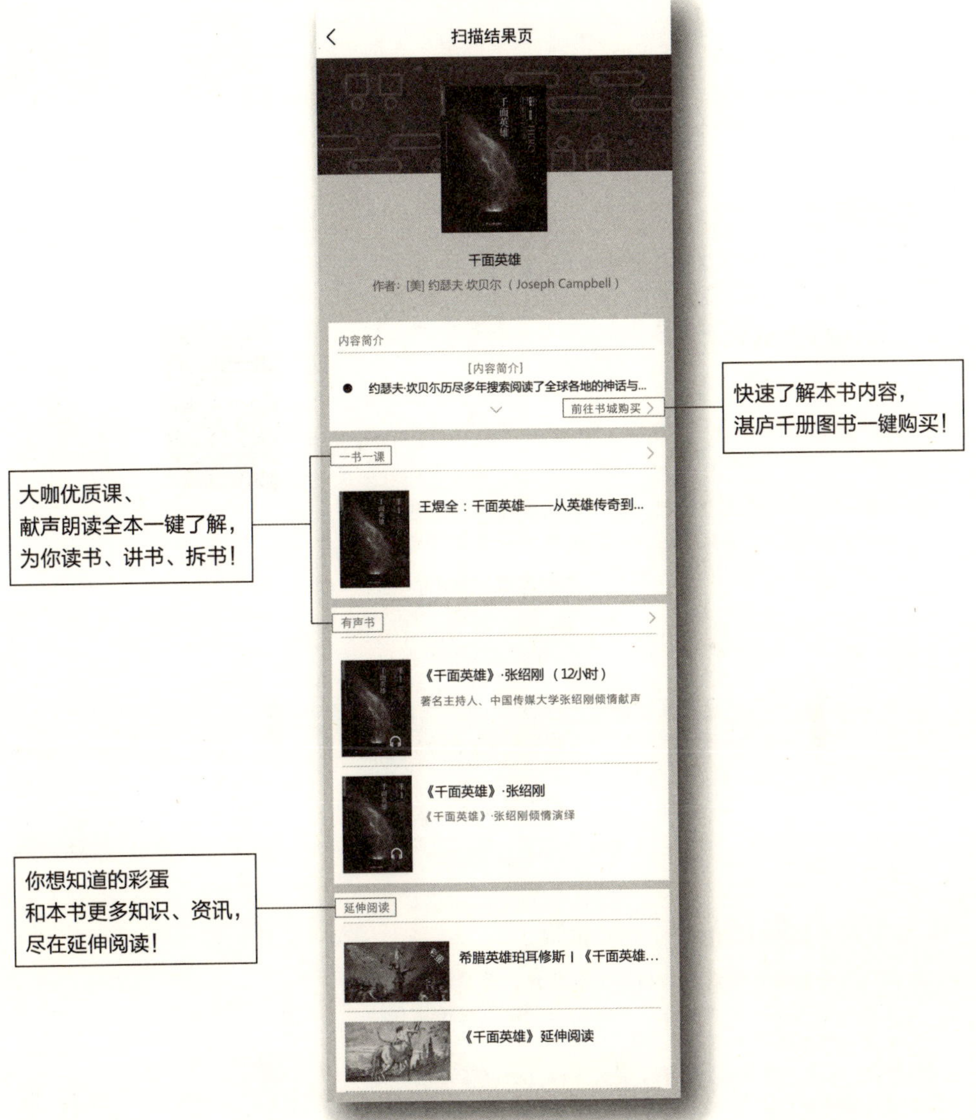

湛庐CHEERS

延伸阅读

《幸福原动力》

◎ 世界 500 强的幸福导师肖恩·埃科尔掀起一场“幸福革命”，让你的压力减少 23%，健康提升 39%，效率提高 31%，社会互动增强 34%。

◎ 清华大学心理学系主任彭凯平、前思科中国区总裁林正刚、百度公司总裁张亚勤、左右家私有限公司董事长黄华坤倾情推荐。

◎ 全球众多知名企业，谷歌、Facebook、美国银行、美国国税局、强生、Adobe、IBM、沃尔玛、星巴克，积极践行中。

《创新跃迁》

◎ 美联社前社长兼首席执行官汤姆·柯里、AMI 半导体董事长兼首席执行官克里斯汀·金、视康 CEO 格伦·布雷德利、IBM 全球市场和战略高级副总裁布鲁斯·哈罗尔德等强烈推荐！

◎ 哈佛商学院与斯坦福商学院的智慧碰撞，美国管理学会殿堂级巨擘迈克尔·塔什曼、查尔斯·奥赖利三世联袂打造。

◎ 从组织软硬件的重新梳理，到打造高潜能组织的具体步骤；从组织愿景和战略的确定，到应对技术周期的创新流培育方法，这是一本能帮你节省巨额咨询费用的实践经典！

《简　法》

◎ 全球品牌战略公司思睿高创始人，NBA、IBM、AT&T、3M、微软、戴尔、美国运通、万事达卡等 LOGO 的设计者艾伦·西格尔诚意之作。

◎ 施乐公司、3M 公司、NBA、卡内基梅隆大学和美国国税局都在使用的“简法”，有效简化流程、简化产品、简化组织所做的一切。

《七个天才团队的故事》（纪念版）

◎ 清华大学副校长兼教务长杨斌教授主编，清华经管领导力中心研究员、学堂在线“中国创业学院”频道主任徐中博士领衔翻译并审校。

◎ 沃伦·本尼斯具有影响力的一部著作，为领导者和想要成为领导者的人们标注了清晰的实现路径。

◎ 对于我们了解近代西方领导力思想、认识现代组织的领导力真谛，迎接当下和未来的领导力挑战，具有重要的意义。

Joy, Inc.: How We Built a Workplace People Love by Richard Sheridan

This edition published by arrangement with **Portfolio**, a member of Penguin Group (USA) LLC, A Penguin Random House Company, arranged through Andrew Nurnberg Associates International Ltd.

图书在版编目（CIP）数据

浙江省版权局
著作权合同登记章
图字:11–2018–374号

最有效的干法 /（美）理查德·谢里登著，盛杨燕译 . —杭州：浙江人民出版社，2018. 9

书名原文：Joy, Inc.

ISBN 978–7–213–08917–6

Ⅰ. ①最…　Ⅱ. ①理…　②盛…　Ⅲ. ①企业文化　Ⅳ. ① F272–05

中国版本图书馆 CIP 数据核字（2018）第 203696 号

上架指导：经营管理 / 企业文化

最有效的干法

［美］理查德·谢里登　著
盛杨燕　译

出版发行：浙江人民出版社（杭州体育场路 347 号　邮编　310006）
市场部电话：（0571）85061682　85176516
集团网址：浙江出版联合集团　http://www.zjcb.com
责任编辑：方　程
责任校对：杨　帆
印　　刷：北京富达印务有限公司
开　　本：720mm × 965mm 1/16　　印　　张：17.25
字　　数：200 千字
版　　次：2018 年 9 月第 1 版　　印　　次：2018 年 9 月第 1 次印刷
书　　号：ISBN 978–7–213–08917–6
定　　价：69.90 元

如发现印装质量问题，影响阅读，请与市场部联系调换。